クセとしぐさで相手を見抜く術

人生を好転させる「気」の人間判断

早島正雄

にちぶん文庫

はじめに

世の中の人間を大別すれば、「成功する人」と「成功しない人」に分かれるだろう。

子どものころは神童といわれるほど頭がよく、近所でも評判のよくできる子がいた。大学までは順調に一流コースを進んだのだが、そこから先はだんだんにあやしくなり、大学卒業後、一応、有名会社に入ったものの、いつまでたっても、うだつが上がらない。内気で引っ込み思案な性格と、どことなく弱々しい印象で、仕事ぶりにもイマイチ覇気が感じられない。最近ではどうやらリストラされたらしく、ウィークデイの日中からぶらぶらしている。

そんな人もいれば、反対に、子どものころはガキ大将。近所でも悪ガキで評判だったという人が、いまやベンチャー企業の旗手として、マスコミにも名前が響くほどの成功を収めている。こういう人は概して陽気で元気がいい。

女性でもそうだ。それほど美人でもないのになぜか玉の輿にのり、経済的な心配は何もなく、優雅に暮らしている人もいれば、美人だしスタイルも満点なのに、つまらない男にだまされて、生活のために昼も夜も働いているという人もいる。

夫はごく平凡な男、自分も専業主婦だったが、趣味の延長で始めた教室が評判になり、いまでは多くの生徒を抱え、はつらつと働いているという人もいる。

もっと卑近な例をあげよう。こんな事故があった。五人のグループで登山をしていたところ、落石があった。巨大な石が落ちてきたのだ。先頭から三番目、四番目を歩いていた人は、この落石をもろに受けて命を落としてしまった。だが一番目、二番目、五番目の人は傷一つ負わなかった。

どんな隊列を組んで登るか。とくに決まりがあったわけではなく、歩いているうちになんとなく自然に隊列ができていったのだという。三番目、四番目の人に登山の技術がなかったわけではない。ただ運がなかったのだ。

世の中にはやたらついている人もいれば、その反対に、とことんついていない人もいる。ついている人とついていない人の違いは、何だろうか。ついているというのは、いったい何が〝ついている〟のだろうか。

それを一言で表現したものが「気」である。自分の「気」を知って、それを上手に生かしている人は、やることなすことうまくいき、結果的にはとんとん拍子にコトが進んでいく。

反対に、自分の「気」を知らず、だから、何をやるにしても「気」を生かすことができず、結果的に「気」に反した進め方をしている人は、何をやってもうまくいかない。その連続で、人生は自分が願う方向とは逆の展開になり、泣きを見てしまうのである。

自分の「気」がもっともよくわかる基準となるのが「性格」である。誰にも生まれもった性格がある。これを生かして人生を進めているかいないか。その違いは一〇年、二〇年後には天と地ほども開いてくる。

自分の性格から「気」を知り、それに沿った生き方をしていれば、海の潮が満ちるように自然に、人生は満ち足りたものになってくるはずなのだ。

だが、自分の性格は、とても「成功体質」に通じるものではないという人もいるだろう。しかし、そういう人は、自分の性格の半面しか見ていないことに気づいていないだけなのである。

どんな性格も表側から見れば長所となり、反対側から見れば短所になる。もし自分で短所だと思っているところがあり、そのために失敗をくり返しているなら、その短所を長所に変えてしまえばいいのである。

短所を長所に変えるのは、「気」の込め方をちょっと変えるだけであり、誰でも方法さえ身につけてしまえば簡単にできる。

この本は「気」を上手に使って、自分の性格をよい方向に発揮し、成功体質に変えるためのテキストブックである。テキストブックといっても、むずかしいものにならないように、私の弟子の体験談など身近な例をたくさん盛り込んである。

そうした例を参考にすれば、あなた自身も「気」を上手に使えるようになり、成功しやすい人間に変わっていくはずだ。

不思議なもので、あなたが変わると、家族、恋人や友人など、あなたの身近な人まで変わってくる。「気」とは宇宙に満ちているスーパーパワーであり、それほど大きな力をもっているのである。

私は「気の健康法」を教えているが、「気」の流れがよくなると、血の流れがよくなって健康になる。それと同時に、金の流れもよくなって人生は思うままになっていく。

この本が、あなたの人生を成功路線にのせるために役立てば、著者として、これ以上の幸せはない。

早島　正雄

クセとしぐさで相手を見抜く術——もくじ

第1章 あなたを成功体質に変える

【行動を変えれば、性格も変わる】

第2章 何があなたをダメにしているのか

第3章 気をつけたい体グセ

第4章 行動パターンで人間性を判断する

第5章 クセを直して、無為自然な生き方を体得する

本文デザイン／五　柳　堂
本文イラスト／大久保浩

第1章

あなたを成功体質に変える

【行動を変えれば、性格も変わる】

好きなものを半分食べられてしまったら

性格を判断するのにいちばんいいのは、目の前にその人の好物を置き、他の人が半分食べてしまうという方法である。このとき、

「あっ、半分も食べちゃった」

と怒ったり、不機嫌になる人。

「あっ、半分も残してくれた」

と喜ぶ人。


このときの反応がどちらかを見れば、その人の性格はほぼ正確にわかる。前者はマイナス思考で、何にせよクヨクヨ思い悩むタイプ。そのうえ、自己中心的だから周囲の人とも溶け合えない。

一方、後者は前向きで、なんでもよい方向に考えるプラス思考で、小さなことにとらわれない鷹揚なところもあるから、たいていの人に好かれる。勉強ができるわけではないがクラスの人気者というような人は、たいていこのタイプである。

さて、あなた自身は、いったいどっちのタイプだろうか。

どう考えても前者のほうだという人は、ちょっと考え直したほうがいい。いまのままでは積極的な行動はできず、被害妄想的なところもある。こんな性格のままでは人に好かれるはずはなく、幸せな人生からは遠くなる一方だからである。

だけど、心理学の本を読んだら、性格は生まれつきのもので、一生変わらないと書いてあった……。なんて悲観するのはやめたほうがいい。そもそも心理学などという学問で、人間のすべてが決まるわけではない。

それに、性格はわりあい簡単に変えられるのだ。実際、「あの人は最近、すっかり人が変わったようだ」という例を周囲に見聞きした経験をもっている人は、多いのではないだろうか。

――半歩進むか、半歩下がるか？

性格を変えるというと、大変な努力が必要なのではないか、そう思う人が大半だろう。だが、性格はちょっとした頭の切り替えで、意外なほどたやすく変えられる。

たとえば、自分は消極的な性格で損ばかりしていると思い込んでいる人がいるとしよう。こういう人は「消極的か積極的は、煎じ詰めれば紙一重の差だ」ということに気がついていないだけだ。それに気づけば、ちょっと頭を切り替えるだけで、消極的な性格を積極的な性格に変えられるのだ。

会議の席上で、担当者が、現在進行中のプロジェクトについて一席ぶちあげた、という光景を想像してほしい。

この後、進行役の課長などが、

「誰か意見のある人、いないか?」

とあたりを見回したりとする。

もちろん、お腹の中で「彼の提案は大筋ではまあ問題なさそうだが、こういう点を改良すれば、もっと効率がアップするのではないか?」などと、何らかの意見をもつ人も多い。だが、率先して意見を述べるには、ちょっとした勇気を要するものだ。

こういうとき、勇気を出して、

「私はこうこう、こう思います」

と自分の行動を半歩だけでいい、前進させるように気合を入れてみよう。この半歩、前進させる努力で、あなたはその席でもっとも積極的な印象を与えることに成功するのだ。

いつもは消極的なあなたが思いきって発言したのだから、内心はドキドキもの。心臓が飛び出しそうに鼓動を打っていたり、すっかりあがってしまって言葉がつまったりするかもしれない。

だが、何といっても、人に先んじて意見を述べたわけだから、特別に光った意見でなくても、周囲の人があなたを見る目は、俄然変わってくる。

会議のたびにちょっとがんばって、半歩前進の努力を繰り返していくのである。半年、一年……。やがて、あなたは、社内でも屈指の積極派人間に数えられるようになり、「彼はやる気のある、なかなか見どころのあるヤツだよ」と、評価も大きく上がってくるはずだ。

こうなれば、上司があなたを見る目も違ってきて、そのうち、思いがけない大きな仕事に抜擢されたりする。ここまでくれば、成功への道が開けてくるのは時間の問題だ。

「誰か、意見のある人、いないか？」

課長がこう言ったとき、言いたいことがのど元まで出かかっているのに、発言するのが一呼吸、遅れてしまう。すると誰かが先に意見を述べることになる。

次は意見を言おう、次は……と思っているうちに、他の人にどんどん意見を述べられてしまい、ようやく、あなたがおずおずと意見を話し出したときには、大体の意見は出つくした後。せっかくのあなたの意見は二番煎じ、三番煎じになってしまったりする。

自分を半歩前に進めるか、半歩遅れてしまうか。わずか半歩の差で、その結果はプラス・マイナスで一歩の開きになってしまう。しかも前向きと後向きでは印象はまったく逆転し、最終的な印象は、天と地ほど違ってくることになるのである。

いつも、半歩、自分を前進させるように努力している人は積極的で行動的、いかにも優秀でやり手という印象を与えるようになる。

反対に、いつも半歩控えめだったり、後退的な行動が〝習い性〟となってしまうと、「消極的でやる気のないヤツだ」という烙印を押されてしまいかねない。

同じ会社に勤めているということは、だいたい同レベルの人間だと考えていいと思う。それなのに同期の仲間のうちで、優秀な人間とダメな人間に分かれてしまう。

だが両者の違いは、何かするとき、一瞬、半歩前進するか、半歩後退してしまうか、その違いが積み重なっただけなのである。つまり、最初は、ほんのわずかな違いであることを知ってほしい。

半歩先に出るときに込めるのが〝気〟

ズラリとえらそうな顔が並んだ会議の席で、率先して意見を述べるためには、ちょっと気合を込めることが必要だ。この気合こそ、ほかならない「気」である。

人前で意見を述べるにはそれなりの緊張感がある。その緊張感に負けそうになる自分もいる。

自分がいま述べようとしている意見は、誰だって気がつくような、当たり前のことかもしれない、などと臆する気持ちもあるかもしれない。何よりもちょっと恥ずかしいし、うまく意見を述べられるかどうかもこころもとない。

内心では、むしろ引いてしまいたい気持ちを押さえて自分を奮い立たせ、思いきって発言する。そのとき、心の中で「エイ！」とかけ声をかけてみるといい。

この一瞬、宇宙に漂う「気」があなたに集中して流れ込むのである。この気の流れにのって発言するのだから、あなたの言葉はいやが上にも説得力に満ちたものになる。

反対に、意見を述べよう、述べようと思いながら、周囲の人にどんどん先を越されてしまうという場合は、先を越されるたびに、その場に流れる「気」を使われてしまい、ようやくあなたが意見を述べたときには、もはや「気」は十分残っていない。「気」の流れにのっていない意見は、人の耳を引きつけることなどできないし、これでは、あなたの印象も好転させることなどできっこない。

このように「気」を込めるか込めないか。「気」を上手に取り入れるか入れないかで、まったく同じ意見を述べたとしても、人に与える印象は一八〇度変わってしまうのだ。いかに「気」が重要か、わかってもらえただろうか。

逆にいえば、「気」の科学をよく知り、「気」を上手に生かして行動できれば、いつでも自然に「気」を込めて行動するようになり、結果的にあなたの人生は成功に導かれていくはずである。

――行動を変えれば、性格も自然に変わる

半歩前進するか、立ち止まるか、半歩後退するかで、結果は大きく開いてしまうことは十分に理解してもらえたと思う。

興味深いのは、それをくり返しているうちに、性格まで変わっていくことである。いつも半歩前進する努力をしているうちに、気がつくと、誰よりも積極的で行動的、

ポジティブで明るい性格に変わっていくのである。

反対に、半歩後退をくり返していると、いつも引っ込み思案で内気、どちらかというと陰気で弱々しく、はっきりしない性格になってしまう。

前進もせず後退もせず、まわりの様子ばかりを気にしている人は、優柔不断で日和見主義、自分らしさがない性格になってしまう。

性格は行動につながり、反対に行動は性格につながっている。だから、もし自分の性格のこういう点が嫌いだとか、この性格のためにいつも損ばかりしているというところがあるなら、できるだけその性格とは反対の行動をとるようにするといいのだ。

つまり、行動を変えることによって、性格を変革してしまうのである。

私のところに人生相談に来た学生の場合、一人っ子ということもあってわがままで、他人との協調性ゼロという性格だった。何でも自分の思い通りにならないと、病的なまでにイラだってしまうのだ。

さいわい、私の指導もあって、彼は自分の性格の欠点に気づき、若いうちにその性格を変革しなければ、社会に出てからさらに大きな壁にぶち当たるだろうと考えた。

そこで、学生時代に自分の欠点を変革しておこうと、大学のオーケストラ部に入部した。

交響楽は単に楽器を演奏するだけでなく、全体のハーモニーを聞かせるものだ。技術的にはもちろんだが、精神的にもメンバーの気持ちが一つに結ばれていることが不可欠だ。

そのため、春休みや夏休みなど長期休暇のたびにかなり長い合宿があり、合宿ではメンバーが、それぞれ掃除や食事の支度を分担することになっている。

日ごろは練習につぐ練習の明け暮れだ。オーケストラの練習では、誰か一人でも、与えられたパートをマスターしていないと練習にならない。みんなのためにも、練習の手を抜くことは許されない。

こうした努力を四年間つづけた結果、卒業するころには、彼の性格は四年前とは一八〇度も転換して、まず一番に、周囲のことを考えるように変わっていた。就職試験でも協調性のよさがかわれて、回った会社のほとんどから引っ張りだこだったほどである。

就職後も協調性のよさ、メンバーを一つにまとめていく気配りのよさをフルに発揮し、同期入社ではいつも「イの一番」に昇進していった。人あたりがよく腰が低い様子は、高校生時代のわがままぶりを知っている私には信じられないほどである。

——もてる、もてないの差も紙一重

光源氏の昔から、もてるオトコの条件はマメなことである。光源氏は忙しい公務の間にコマメに女性に歌を送り、仕事の帰り道、疲れている日であっても、女性のもとに足しげく通ったりしていた。

現代でいえば、ことあるごとに相手のケータイを鳴らし、いや、何事もなければいなりに、「何かなかったか？」と電話を鳴らしたり、「近くまで来たから」なんて言いながら、相手のマンションのチャイムを鳴らしたりするような男といえる。

女性はなんだかんだといいながら、しょっちゅう相手からコンタクトがあると弱く、あっけなく心を許してしまうのだ。それだけ相手が、自分を気にかけてくれている証拠だといえるからである。

もてるかもてないか。平たくいえば、マメかマメでないかの差も紙一重であることをご存じだろうか。ここで声をかけようか、いや、やはり、声はかけにくい……。その差は気の迷いにすぎないといってもいいほど小さなものだが、結果は、声をかけた場合とかけない場合では天と地ほど違ってくる。

まず、声をかけなければ、相手には自分の存在は伝わらない。声をかければ、結果のよし悪しはともかくとして、あなたの存在は相手にちゃんと認識されるのである。

合コンでもてるタイプには一定の条件がある。皆で何かをやるとき、率先してやる人やカラオカでも「イの一番」に歌い出す人である。こういう人はとにかく、その場で自分の存在を強く印象づけるからである。

あなたにもこんな経験はないだろうか。歌おうか歌うまいか。カラオケの歌詞カードをくりながら、心の中では、「この歌なら、けっこう自信あるんだけれどな」などと思ったりしている。

だが、一瞬たじろぎ、出遅れてしまったため、人に十八番の曲をさらわれてしまい、結局、一曲も歌えないままに終わってしまった、というような経験だ。

合コンの席でも同じように、「右から二番目のあの彼は、けっこうタイプだな」と思いながら、いつ声をかけようかとタイミングを見はからっているうちに、他の女性が先に声をかけてしまい、気がつくと二人してどこかに消えてしまっていたというようなこともある。

このように、ほんの一瞬の出遅れが、結果的にはもてる人、もてない人に大きく二分してしまうのである。

だが、歌い出そうとか、声をかけようという思いがありながら、なぜ、あなたはその思いを行動に移せなかったのだろうか。

心でそう思いながら、行動に移せない。このときブレーキになっているのは、自分を少しでもよく見せたいという思いや、自分が傷つきたくないという思いである。

自分が歌ったとき、人はちゃんと聞いてくれるだろうか。下手だなぁ、と軽蔑しないだろうか。あの彼に声をかけた場合、自分を認めてくれればいいけれど、冷たくあしらわれたら恥ずかしい、みっともない……。そんな思いが、あなたを紙一重の差で、消極的で冴えない印象の人間にしてしまい、その結果、もてなくなってしまっているのである。

迷ったときは最初に思った通りにすれば成功する

反対に、もてる人は「歌ってみようか」とか「歌ってみたい」と思ったら、すぐに行動に移す人間だ。女のコに声をかける場合も同じだ。「かわいいコだな。声をかけてみようか」と思うと、次の瞬間には声をかけている。

こういう人がおおむね思い通りの結果を得るのは、知らず知らずのうちに、「気」

の流れをうまく取り込み、「気」のパワーを利用しているためだ。「歌ってみようか」「声をかけてみよう」。そう思うときには、「気」もその方向を向いて流れているのである。その「気」の流れに沿って行動すれば、その行動には「気」のパワーが注ぎこまれ、思いはかなうのである。

反対に、歌ってみようかとか、声をかけようかと思ったとき、一瞬たじろいだり、迷ったりする人は、迷っている間に「気」の流れにブレーキをかけ、流れを止めてしまうのである。さんざん迷った末に「歌い」出したり、「声をかけて」も、その時には「気」のパワーはそがれてしまっているのだ。

「気」とは、瞬間的に流れが変わってしまうこともある、とても微妙なものなのである。その「気」をどう使いこなせば、自分の願っている通りの結果が出るのだろうか。その方法はあんがい簡単だ。最初にひらめいた通りに行動する。これがベストである。

何かを前にしたとき、人間は、まず最初に、こうしたいという気持ちが動く。いわゆる、ファースト・インスピレーションに近いものだ。これを見逃さず、できるだけ、その思いの通りに行動する。これを原則にすればいいのである。

どれほど悩み多き人生といっても、目の前にいくつかの選択肢が示されたとき、最初から、心が千々に乱れることはありえない。たいていは、見た瞬間に自分が選ぶべき答えは決まっているものだ。

だが、次の瞬間に、「いや、待てよ。こっちのほうも案外いいかもしれない」と別の思いが浮かび、その結果、迷い出してしまうのである。

「こっちのほうがいいかもしれない」。その揺れる思いの原点にあるのは、我欲にほかならない。こっちのほうが高そうだ。こっちのほうが大きいかもしれない。こっちのほうがおいしいかもしれない。こっちのほうが得かもしれない……。

人間には誰にもこうした我欲があり、それに強くとらわれてしまう。

だが、問題に直面した最初の一瞬は、純粋に「気」が示す方向性がストレートに感知されるものなのだ。

「迷った場合は最初に戻り、初めに思った通りにすれば、絶対に間違いない」

昔の人はよくこう言っていた。まったくいいことを言うものだ。まさにその通りではないか。

なにかに遭遇したとき、最初にふっと心に浮かんだことは、「気」が教えてくれた最高の答えなのである。それ以降、あれこれと迷うのは人につきものの我欲や我執がむくむくと頭をもたげてきた結果である。

我欲や我執よりも、「気」の教えてくれた答えのほうが正しい結果を導いてくれることは、あらためていうまでもないだろう。

迷ったときは最初に戻れという教えは、我欲や我執を捨てて、「気」に従えと教えていることと同じである。

気の流れを研究した〝洗心術〟

「気」の流れというが、いったい「気」とは何なのだろう。そんな疑問をもつ人もいるにちがいない。

気配、元気、景気……。言葉では形容しにくいのだが、なんともいえないその場の雰囲気を示す言葉には、たいてい、「気」という言葉が使われている。

気は森羅万象、宇宙のすみずみまで満ちわたっているもので、自然に満ちているある種のエネルギーのことである。「気」の正体は電磁エネルギーだという人もいる。

天気がいい日は、なんとなく元気になる。反対に、どんより曇った日は、誰でもなんとなく気分がパッとしない。天気とはまさに天の気であり、天に気が満ちている天気のいい日は、人はその気のエネルギーをもらって、いやがうえにも元気になるというわけだ。

すでに数千年前に、古代中国の賢人は、宇宙には何か不思議なエネルギーが満ちていることを知っていた。そのエネルギーに従って生きればすべてのことがうまくいくことを見いだしたのは、紀元前五七〇年ごろに活躍した老子である。

老子の後にやはり中国に生まれた荘子は、老子の教えを肉付けし、いっそうわかりやすく、実行しやすいものにした。そこで、この教えを「老荘の教え」といったりする。老荘の教えは道教といわれたり、道家の教えともいわれている。

私が研究し、皆さんにも教えてきた「洗心術」というのは、この道家の教えを中心に、長い歴史の中で組み立てられてきた考え方や行動のしかただが、さらには「行法」といって、考え方や体調、行動の仕方をよい方向に向かわせる技術もある。

道家の教えの根幹となっているのは「無為自然」である。無理をしない。突っ張らない。あるがままを受け入れる。こうすれば、ほとんどのことはうまくいくのである。「無為自然」とは何もしないことではない。一言でいえば、「気」に従って生きる、という考え方が貫かれた生き方をいう。

「気」に従って生きるというのは、煎じ詰めれば、できるだけ自然に、思うがままに素直に生きよ、ということである。下手にあれこれ思い悩む必要はない。自分の心にひらめいた考えに従って素直に生きていけば、たいていのことはうまくいく運んでい

くのである。

ところが、これまで話してきたように、ほとんどの人は、自分の思うままには生きていないのだ。

「彼女とつきあいたい」。そう思っても、声をかけて振られたら恥をかいてしまうとか、「あれくらいかわいいコなんだ。きっともう、つきあっている人がいるに決まっている。オレなんか、目に止めてもらえないに違いない」などと自問自答して、結局は声一つかけない……。こういう人はけっこう多いのだ。

そうした、人間をがんじがらめにしている思いを解き放ち、自然に生きることを教えるのが道家の教えだが、その教えのうち、心の行《ぎょう》を「洗心術」といい、体の行を「導引術」という。

「洗心術」も「導引術」も古代中国の基本的な教えとなっていたばかりか、その後も長く社会を貫く教えとして継承され、今日も多くの人の心身の健康を支えている素晴らしいものである。「洗心術」の極意は、読んで字のごとく〝心を洗う〟ことであり、一言でいえば、〝頭を切り換える〟ことである。

生き方に関していえば、「洗心術」では、思いのまま自然に生きよ、と教えている。つまり、彼女とつきあいたいと思うなら、つきあいたいという気持ちのまま振る舞えばいいということである。

もしも、彼女に振り向いてもらえなかったとしても、好きだという思いを行動にうつせば、その思いは完全燃焼して、いつまでもくすぶりつづけたりしない。ところが、声ひとつかけず、行動しないままだといつまでもその思いは尾を引き、グジグジと内にこもり、精神的に不健康になってしまい、すべてが悪い方向に向かいはじめてしまうのである。

性格に隠された意外な秘密

【長所は短所になりやすい】

ふっと心にある思いが浮かんだが、どうしてもその思いのままにふるまえない。それができない最大の原因は自信がないことだ。

なぜ、自信がないのだろうか。多くの人は、「自分は欠点だらけの人間だと」思い込んでいて、その欠点は生まれつきのもので、克服することはできないと、あきらめてしまっているためだ。

普通、人間は誰でも長所と短所がある。だが、やむをえないことだが、人間はどうしても失敗につながりやすい短所のほうが気にかかる。そのため、自分は短所だらけだと思い込みがちなのだ。

こういう人は、一度、自分の短所と長所を、思いつくかぎり書き出してみるといい。

たとえば、

◆短所

・気が小さい。
・消極的だ。
・思ったことを行動に移せない。
・人前ですぐあがってしまう。
・口下手だ。
・自分中心にものを考える。
・集団に溶け込めない。
・ちょっとしたことをクヨクヨ思い悩みがちだ。
・感情表現がうまくできない。
・決断力がない。

◆長所

・なんでも慎重に進めるので失敗が少ない。
・細かなことまでよく気がつく。
・他人を大事にし、気をつかう。
・自分の世界をもっている。
・感受性が豊かだ。
・行動に移すまでは時間がかかるが、行動には確実性が高い。
・個性的だ。
・熟慮型だ。

こうして、短所と長所を書き出してみると、短所と長所は裏返しということが見えてくる。

一見、消極的に見える人は、慎重で、とことん熟慮し、十分納得がいかないと行動に移さないタイプのため、いざ、行動に移した時にはほとんど失敗がなく、成功率は高い。

だが、大胆不敵でつねに積極的な人は、感情のままに行動し、おっちょこちょいなところがある。成功率も高ければ、失敗率も高い。

集団にすぐ溶け込みやすい人は、八方美人で誰とでもすぐ仲よくなるけれど、本当に深い人間関係を結ぶのはあまり得意ではない。だが、反対に新しい環境になじみにくい人は、いったん仲よくなった人とは深く結ばれ、一生の友になる。だから、人間関係の質でいえば、後者のほうが質が高いといえるかもしれない。

だが、「洗心術」を使って頭の切り換え方をマスターしている人は、自分の短所をよく知っている。しかし、その短所の現われ方を少し変えるだけで、多くの場合、短所は長所に転じてしまうことも知っているのである。

長所がある人のほうが要注意

だが、問題はむしろ、「自分は長所が多い」と思っている人のほうである。自分はこれこれ、こういう長所がある。だから人にも好かれ、失敗が少ないと思い込んでいる人は、当然のことだが反省がない。思い悩むこともない。その結果、頭を切り換えるチャンスにも恵まれないのである。

ところが、長所は裏を返せば、必ず、短所に通じているものなのだ。ときと場合によっては、自分では長所だと思っているまさにその性格が、周囲の人にとんでもない迷惑をかけ、周囲から嫌われていたりする。

だが、当の本人はおめでたくて、そういう点は自分の長所だと思い込んでいるから、はたの人の迷惑そうな表情には気がつこうともしない。長所だと思い込んでいる人のほうが問題が多いという意味をわかってもらえただろうか。

たとえば、Aさんは明るく外向的で、誰とでもすぐに溶け合い、自分では、人づきあいには何の問題もないと思い込んでいる。ところが、まわりの人にAさんについて聞いてみると、「あ、Aさんね、悪い人じゃないと思うけど……」と奥歯にモノがはさまったような言い方をする。

そこで、さらにくわしく聞いてみると、Aさんは顔見知り程度の人でも、まるで旧知の仲のように人に言って回ったり、初めて出会った人に対しても、すぐに学生仲間のように、なれなれしい口をきいたりする。あるいは、気軽に肩をたたいたり体を触ったりし、どんなグループの中でもすぐに、自分がグループの中心的な存在であるような、大きな顔で振る舞いはじめるのだ。いつも、自分が座の中心にいないと気がすまないのである。

自分では外向的だと思っているのだが、周囲の人は、Aさんを、ところかまわずマイペースで行動し、それほど親しくない人のプライベートにもズカズカ足を踏み入れる、不作法で無神経な人だという印象をもっていることがわかってきたりするのである。つまり、Ａさんはなれなれしすぎて、かえって人から敬遠され、嫌われていたわけである。

こうした状況を、知らぬは当人ばかりなり、という。自分では長所だと思っている場合のほうが要注意だとは、まさに、こういう状況を指しているのである。

──損な性格、得な性格

よく、「あの人は得な性格だ」とか、「彼は損な性格だ」などと言う。たとえば、日ごろは内気なのに間違ったことを見たり聞いたりすると黙っていられず、つい口を出してしまう人がいる。こういう人はとかく敵をつくりやすく、一般的には損な性格だといわれる。

だが、よく考えてほしい。人間、いつも損ばかりしているとはかぎらないし、反対にいつも得をしているともかぎらない。あるときは損をしたり、あるときは得をしたり、おたがいに損得のしあいのくり返しが人間社会というものではないだろうか。

いつも話題豊富で座をにぎわし、周囲の人気者という人がいる。こういう人は多くの人に好かれやすくて得な性格と思われがちだが、たとえば相手が静かに考えごとをしたいと思っているような場合もにぎやかに騒ぎたて、迷惑がられることもある。

反対に、もの静かで控えめな人は一見、損をしがちな性格だと思われるが、どーんと落ち込んでいるときなど、こういう人に出会うと心の底から慰められ、ほっと癒しを感じるから、むしろ多くの人から好感をもたれる性格だったりする。

もともと、長所と短所は一つの傾向の表と裏の関係にあるのだから、損をすることもあれば得をすることもあるのがあたり前なのだ。つまり、「得な性格」も「損な性格」も、絶対的なものではないということだ。

老子は、「善は常に善であるとはかぎらない。美も常に美であるとはかぎらない。時には悪や醜になる」といい、物事を一面から判断してはいけないと戒めている。

また、損をするとか、得をするといったりする場合、損得の基準はあくまでも自分にとっての、ということではないだろうか。自分が損をしても相手が得をすれば、総体的には損もなければ得もない。その反対もまた真なりだ。もし、何か得をしたと思ったら、どこかできっと損をしている人がいることに思いをめぐらしてほしい。

こうした考え方をするようにしていると、そのうちに、世の中には損もなければ得もない。ただ、あるがままという考え方が自然に身についてくるものだ。

——プライドが高いのは劣等感が強い証拠

世の中にはプライドが高い人がいる。

カラオケに誘ったところ、カラオケなんかくだらないといわんばかりの態度を示し、「ボクはカラオケには興味がないんだ。最近のヒット曲なんて全然知らないしな。ボクに遠慮せずに、みんなで行ってくればいいよ」と、一人だけ高尚ぶってみたりする人がいた。

ところが、彼の本音はまったく別にあり、本当はみなと一緒の時間を過ごしたくてウズウズしているのだ。だが、彼はあまり歌がうまくなく、下手な歌を歌って人前で恥をかくのはいやだとも思い込んでいる。

だが、カラオケは歌の上手下手を競うところではない。たしかに、最近のカラオケの機械には歌のうまい、下手によって点数が出る機能もついているが、不思議なもので、プロ顔負けのうまさで歌う人がいたりすると、かえって雰囲気が白けてしまうこともある。

だから、歌のうまい下手はほとんど、関係ないのだ。

カラオケに行きたいなら、「歌はあまり得意じゃないんだけど……」などと言いながら、一緒にカラオケボックスに繰り出せばいいのである。もし、本当に下手なら下手なりに、盛り上がる歌を選べば問題ない。

スポーツでも同じことがいえる。テニスに行こうとか、スキーに行こうと誘われたのにテニス、あるいはスキーの腕に自信がないばっかりに、「テニスはなんだか女性がやるみたいで好きじゃないんだ」と言ってみたり、「スキー場ってナンパのメッカじゃない？　なんかカレシがほしくて行くみたい。モノ欲しげでいやだわ」などと突っ張ってみせたりする。

この例のように、一見、プライドが高いように見えたり、突っ張ってみせる人の本心には、根の深い劣等感が隠れていることが多いのである。

だが、本音と実際に出る言葉が裏腹になるような、不自然な行為はやめたほうがいい。私は、不自然であることがもっとも「気」の流れを妨げると教えている。

スキーが下手なら下手でいいではないか。「あたし、スキーはほとんどやったことがないの。チョー初心者だけど、仲間に入れてもらえるかしら」などと素直に言えば、コーチをかって出てくれる人もいるかもしれない。

劣等感は正しく見つめたほうがいい。もし、歌が下手なら、下手だと素直に口に出してしまうことだ。それなのに、カラオケなんかくだらないというような態度をとるから、おかしくなってしまうのだ。

誰も、カラオケが下手だからといって、その人の、人間的価値が低いとはみなさない。それよりも、下手でも一緒にカラオケボックスに行き、皆と楽しく盛り上がったほうが、ずっとその人の株は上がるのだ。

スキーが下手なら、下手だと認めればいいのだ。

だが、本当の理由を隠して、「スキー場の雰囲気がくだらないから行きたくない」というような態度をとれば、せっかく盛り上がった気分に水をかけるようなことになってしまう。

自分の劣等感をかくそうとするばかりに高ぶった態度をとったり、皆が夢中になっていることをさげすんだ目で見ることだけは絶対に避けなければならない。いつも、できるだけ自分の気持ちをあるがままに見つめ、その気持ちに素直に従う生き方を心がけるべきだ。

こうした生き方をしていれば、「気」はスムーズに流れ、その結果、その場の雰囲気はうまくいき、人から嫌われることもなくなるはずだ。

嫌いな性格でも、気を充実させれば変えられる

よく、「自分の性格が嫌い」と悩み、ノイローゼ寸前になってしまう人がいる。持って生まれた性格は変えられないと思い込んでいるためだ。

G君もそんな一人だった。いったい、どこが嫌いなのかと聞いたところ、

「見栄っぱりのくせに気が小さく、まわりの人が自分についてどう思っているのか、そればかりが気になって、ちょっと何か言われるとムキになり、言わなくてもいいことまで言ってしまう。そのくせ、言った後ではとことん落ち込んでしまう。そんなひねくれている自分が大嫌い」

という答えが返ってきた。

なるほど、ここまで自分を悪く分析できていれば上々だ。だが、自分をこんな風に思っていたのでは、毎日が暗くてユーウツなはずである。G君自身も、「こんな風だから、ガールフレンドもできないし、結婚もできないだろう」と暗澹とした気持ちで暮らしているのだという。

そこで、私はこうアドバイスした。

「まわりの人が、自分についてどう思っているのか、気になってしかたがないのは、自分がよく思われたいと願っているからなんだ。ちょっと何か言われると、すぐムキになるのは、自分はそんな人間じゃないと弁解したいという気持ちが強いからだ。ガールフレンドができないのもキミの性格が悪いからじゃない。もし、ガールフレンドができても、つきあっているうちに嫌いになられたら傷ついてしまう。それがこわいから、自分から、ガールフレンドができないようにガードを固めてしまっているためなのだ。

キミの性格の特徴は、すべて、どこまでも自分を守っていこうとし、傷ついたり、せっかく得たものを失うのはイヤだと思っていることに原因しているのだよ」

G君はわかったようなわからないような顔をしている。そこで、さらに言葉をつづけた。

「人間は誰でもたった一人で、まっ裸で生まれてくる。死ぬときもたった一人、最後は灰になってしまうんだ。あの世まで持っていかれるものは何にもないんだ。そう考えれば、傷ついたり、失うことをそれほど恐れる必要はないことに気づくはずだ」

私のこの言葉を聞いて、ようやくG君は、わかったような顔をしてうなずいた。

——水のようになれば、ネアカもネクラもない

大きな声をあげてみんなを盛り上げ、一人ではしゃぎ回っている人がいる。お花見の席では誰よりも先に踊り出したり、歌い出したりする。冗談ばかり言ってみなを笑わせるし、それよりも自分で言った冗談に、まず、自分がおなかがよじれるほど笑ったりする。

こういう人はネアカの典型だと思われがちだが、とんでもない。実際は誰よりもネクラであり、性格的にもジトッとしていることが少なくない。

だが、自分がネクラだと知っているので、人から、暗い人だと思われないように、いつもせいいっぱいがんばってしまうのである。

こういう人ほど、集まりが終わって帰路につくと、どっと疲れが出て、もともと無口で暗い性格がもっと暗くなり、ジトーッと落ち込んだりすることが多い。だから、家族などのように、気をつかわなくていい人の前ではただただ暗く陰気になる。もちろん家族は大迷惑だ。

ネクラな人は、ネクラだと人にわからないように努めていて、できるだけ暗い印象

を与えないように、せいいっぱいはしゃいで見せようとがんばることが多い。だが、いくらはしゃいで見せたところで、ネクラのままでは、やっぱりどこかで本性が現われ、暗い印象が見え隠れしてしまうものである。

赤ずきんの話を知っているだろう。赤ずきんを食べようと先回りしていた狼は、おばあさんの帽子をかぶり、手足に白い粉を塗ってベッドにもぐり込んでいた。だが、口は耳まで裂けているし、白い粉を塗った手には鋭い爪がついている。それを見た赤ずきんは、ベッドの中にいるのは狼だとすぐに気づいてしまう。

ネクラな人が大はしゃぎしてみせるのは、この狼の変装と同じである。派手に騒げばネクラだと気づかれないだろうと思うのは本人だけで、ちょっとしたスキに鋭い爪が見えてしまうのと同じように、ふとした瞬間に、ネクラな表情が浮かんでしまうのだ。

大はしゃぎしていても、目は暗く沈んでいたりするというように、どこかで本質が露呈してしまうのである。

それよりも、考え方を根底から変えて、ネクラをネアカに変えてしまおう。こうすれば、問題はない。

私は、モノの考え方を教える場合、よく、水をたとえに出す。水は四角い器に入れれば四角くなるし、丸い器に入れれば丸くなる。土の上にまけばスッと吸い込まれていくし、窪地にまけば地面にたまり、小さな池をつくる。

つまり、水は相手しだいで形を変えるので、なるがままに進むものだ。どんな結果が出ようと、最終的にはうまくいくようにできているものである。

ネクラな人は、失敗したり、損をするのがイヤで、クヨクヨ悩んでばかりいる。だが、悩んだからといって、世の中の流れが大きく変わるものではない。

ネアカの人は反対にノーテンキで、無責任で、世の中のことはだいたい自分の思うようになるのだと思っている。だが、世の中のことはそうそう、一人の人間に都合よく転がるものではない。

しかし、世の中がどう動いていこうと、どう変わっていこうと、自分自身が水のようになれば、どんな変化やできごとにも、それなりに対応できるはずである。

水は、周囲の変化やできごとにいちいち抵抗しない。どんな変化にもしなやかに対応できるのである。

水が流れるままに任せるというような、自分の主張がない生き方はイヤだという人もいるかもしれない。だが、そんなことを言っているようでは、水になるということの意味を正しく理解していない。

水のようになるということは、流れるままに生きるのではなく、周囲に合わせて、いちばん自分らしく生きるということなのだ。つまり、つねにもっとも自分らしさを発揮しやすい生き方を貫くということなのである。

自分の本当の姿が見えてくる〝静坐法〟

「洗心術」では、自分の本当の姿が見えてくる方法を教えている。それが「静坐法」である。

「静坐法」というと、なんだか大げさな方法に思われるかもしれないが、実際はただ静かに座って、精神を集中させる方法である。そしてこのとき、自分の「気」を聞くように耳を澄まし、心を澄ますことが肝要である。

「静坐法」は毎日、時間があるときに気楽にやればいい。といってもそう長くかかるわけではない。五〜一〇分程度で、十分に「気」が聞こえてくるようになる。

◉静坐法のやり方◉

①まず磐坐《ばんざ》する。磐坐とは、磐石の構えというようにどっしりと腰をおろして座る方

◆静坐法のやり方◆

上体をまっすぐに、
目をわずかに光が
入るくらい開ける
両手を築基に組む
単磐坐
(磐坐がむずかしいとき)

法で、奈良や鎌倉の大仏さまの座り方を思い出せばいい。畳かフローリングの上など、できるだけ平らなところで行ない、座布団やクッションは使わないほうがやりやすい。

まず右足を曲げ、左の大腿部の上にのせ、右足のカカトを左の鼠蹊部にひきつけるようにする。次に、左足を右足のひざの外側から曲げて右のももの上におき、両足の裏を上向きにする。

これは双磐趺坐法《そうばんふざほう》ともいい、もっともよく行なわれる静坐の方法である。最初のうちは、ちょっとやりにくく、ひっくり返りそうになったりするが、毎日やっていると慣れて、すぐにうまくできるようになる。

どうしても、この方法ができない人は、単磐坐法《たんばんざほう》といって、右や左の足を反対側の足のももの上にのせる方法をとればいい。

②いずれの方法も体をまっすぐにして座り、前かがみにならないように気をつける。

③両手は、築基《ちっき》の方法といい、両手の親指を重ねるようにして軽く組む。両手をひざの上に置くと肩に力が入るので、手はへその前あたりで宙で組むようにする。

④目は軽く閉じ、だが、一筋の光が入るぐらい薄く開け、口は軽く閉じて、上下の歯を合わせ、舌を軽く上歯ぐきの裏につける。

こうした姿勢をとったら、雑念をはらって精神を統一し、静かに「気」を臍下丹田《せいかたんでん》（下腹部）に集中させる。これを五～一〇分つづける。

このとき、次のことに注意してほしい。

●背中が痛むとか頭が重い、息苦しいというような生理的につらいな症状がある場合は、やらない。また、やっているうちにこういう症状が出たら、すぐにやめる。

●行法中に体が自然にふるえることがある。こうなったら、すぐにやめる。

●「静坐法」をやると、ふだんは何とも思わなかった自分の息の短さ、不調和などに驚くことがある。しかし、これを無理に調和させようとしたり、長い息にしようとせず、自然にまかせるほうがいい。

――静坐法をやっていると、自分の気がわかってくる

「静坐法」をやる本当の目的は、自分の「気」を聞くことである。

聞くといっても、全神経を集中させて、息をするとき、鼻の中でどういう音がするかを聞くわけではない。

空気を吸い込んでは吐き出す、その一呼吸、一呼吸を自分自身がはっきり知覚し

て、しっかり意識すればいいのである。

呼吸の緩急、あらい、細かい、浅い、深いなどは自然のままにまかせればいい。意識的に変化させようとする必要もなければ、わざとコントロールするのもいけない。自然のままにまかせていると、やがて完全に雑念がなくなり、〝神気合一〟の境地に達してくる。

こうなると呼吸していることも忘れてしまい、無我の境地になってくる。

このとき、眠気に襲われることもある。ストレスなどで不眠ぎみの日々を送っているような人は、とくにそうなることが多い。だが、眠気に襲われたら、そのまま眠ってしまえばいい。

この姿勢をとっていると、脳は「静」の状態になり、内臓の動きも必要最小限度となり、自然に脳や内臓の働きも調和がとれてくる。

したがって、「静坐法」を毎日の習慣にすると、気がつくと、それまで悩まされていた肩が凝ったり、頭痛がするというような持病はだいたいきれいに治ってしまう。

また、くり返し行なっているうちに、しだいに「気」の流れがわかるようになり、どんな状態になれば、自分の「気」が充満してくるのかをつかめるようになる。

【才能が重荷になることも多い】

自分には何の才能もないと嘆くのはおかしい

自分のことを、「平々凡々、特別な才能もない人間だから、どうせ大した人生は送れない」と自嘲ぎみに語る人がいる。だが、私にいわせれば、この人は自分を正確に見るすばらしい才能の持ち主だということになる。

前にも話したように、人は案外、自分を正確に見られないものなのだ。オーディションをやると、たとえば、歌手のオーディションをしているのに、「いったい、どうして、こんなに歌が下手なのに歌手になれると思い込んでいるのだろう」と首をかしげたくなるような人までが応募してくる。

ミス○○コンテストなども、最初の応募者の中には、およそミスとはほど遠い人も混じっているものだ。

世の中には、これほど自分が正確に見えない人が多いのに、この人は、自分を実に正確に見る目をもっているのである。むしろ、大いに自信をもってもいい。

才能というと、歌を上手に歌う才能とか、実に絵がうまいというように、華やかな名声につながる才能だけを思い浮かべがちだ。

だが、社会で通用するのはそんな才能ばかりではない。黙々と地味な仕事を文句一ついわずにこなす才能とか、縁の下の力持ちに甘んじて人の活躍のために努力する才能もある。

「世の中は駕籠《かご》に乗る人、かつぐ人、そのまたわらじをつくる人」という言葉がある。少し古い表現だが、世の中はこのように多くの人の地道な努力の蓄積によって成り立っているということを端的に表現した言葉だといえよう。

現代にあてはめれば、宇宙ロケットに乗ってさっそうと宇宙に飛び立つ人もいれば、そのロケットをつくる人、あるいはNASAの宇宙基地で、飛行士たちが宇宙にいる間中、不眠不休でバックアップに当たる人もいるという、社会の図式を意味している。そのいずれが欠けても世の中は成立しないものなのだ。

そしてさらに言葉を足せば、人は誰でも、必ず社会に役立つなんらかの才能を与えられている。宇宙や自然には、何一つ不要なものはないのである。

自分に才能がないと嘆く人は、自分自身に過剰な期待をもちすぎている証拠だ。野球でいうなら、何年に一人出るか出ないかというような名スターと自分を比較していたりする。

はっきりいおう。世の中は凡人が一〇〇人に対して、ほとばしるような才能に恵まれた人が一人、いや、一万人対一人いるかいないか、という割合で成り立っているのである。

だが、この世に生を受けた以上、あなたにもきっとあなたならではの才能があるはずなのだ。どんなにささやかな才能でもいいではないか。その才能を発見して、磨きあげていけばいい。それが、あなたに与えられた人生だということだ。

──二十歳過ぎればタダの人

テレビで、世界一の天才少年が現われたと報じていた。アメリカに出現したこの少年は、生後三か月で言葉をしゃべるようになり、一〇か月で計算ができるようになった。三歳で小学校に入学し、あっという間に卒業してしまうと、その後もすべてこの調子で中学、高校を修了し、十歳そこそこで大学に入ってしまった。

この少年は現在、まだ大学生なので、今後、どのようなコースをたどるかはまだわからない。だが、私にはその行方はだいたいわかる。おそらく、二十歳ごろまでは才気煥発なところを見せるだろうが、その後は思ったほど活躍せず、人生の終盤には、ごく平凡な、なんということのない生き方をしているのではないだろうか。

歴史をふり返ると、これまでも何人もの天才が生まれている。だがその多くは、人間的には孤独だったり、人嫌いだったり、性格的に偏っていたりと、円満で幸せな人生を送った人はそれほど多くない。いや、皆無といっていいかもしれない。

なぜ、そうなってしまうのだろうか。

天才は小さいときから人よりズバ抜けて優秀であるため、真の仲間や友人を得にくいからである。人間社会は人と人のつながりで成り立っているものだ。どんなに才能があったとしても、孤軍奮闘では何かをなし遂げることはむずかしい。

コンピュータに関してはズバ抜けた才能をもっているが、おタクで、人とうまく交流できない。こんな人間では、しょせん、大きな仕事はできないのである。

仮に、あのエジプトのピラミッドを建てる場合にあてはめても、設計者、現場の監督、実際、汗水たらして石を運んだ労働者……と数えきれない人の力の総和で、あの巨大な建造物が完成されるわけである。

どんなに天才であっても、一人の人間の力だけでできることはタカが知れてる。いくら才能があったとしても、その才能に頼りすぎて人間関係をうまく作れなければ、かえって、むなしく、社会の役に立たない人生で終わってしまう可能性も高い。

——ときには行動パターンを変えてみよう

道教の始祖・老子は「善は常に善であるとはかぎらない。美も常に美であるとはかぎらない。ときには悪や醜になる」といっている。つまり、物事は一面から評価してはいけないということだ。

これまで話してきたように、よい性格と悪い性格は同じ性格の表と裏にすぎないのである。

世の中は、人と人との関係で成り立っているものだ。人という字は人が人を支えているところを象徴したものだし、人間という言葉も、まさに、人は人と人の間にある、つまり、人間関係で成り立っていることを示している。

よい人間関係を築くには、自分の価値観を一方的に相手に押しつけてはダメだ。こういう行動をつづけていると、自分中心的な人、最近の言葉でいえば「ジコチュー」といわれ、やがて誰からも相手にされなくなってしまう。

人間関係の基本は、自分と相手とは何から何まで違うというところをしっかり認識することから始めることだ。つまり、相手の違いを認めて、受け入れることが大切なのだ。

相手を受け入れるには、なによりも心と体が健康であることが必要となる。悩みがあったり、苦しみを抱えていると、相手を受け入れる余裕などないからだ。

また、なにげない言葉や行動にイラだちを感じるときは、自分の「気」の流れが乱れている証拠である。あるいは、相手の「気」の流れに逆らっているからと思っていい。

反対に、自分に気力が充実していれば、相手の「気」の気配をじょうずに察して、うまく合わせていかれるのだ。こうした状態が、いわゆる、「気心が通じ合う」とか「意気投合した」という状態なのである。

よい人間関係とは、たがいの「気」に乱れがなく、おたがいの「気」の流れに沿った交流ができる状態をいうのである。

こうなれば、たいていのことはとんとん拍子にうまくいき、知らず知らず、成功に導かれていくものである。

むろん、成功といっても、社会的に認められることだけを成功というわけではない。楽しく生きられ、苦悩がなく、毎日がさわやかで楽しい。一生、そうした日々がつづけば、これ以上の成功はないといえるだろう。

第2章

何があなたをダメにしているのか

クセに表われたあなたの欠点

「なくて七クセ、たいていはクセだらけ」

昔から「なくて七クセ」というように、人にはたいてい、いくつかのクセがある。ちょっとしたしぐさのクセ、ついいってしまう口グセ、ものの考え方のクセ。そうしたクセは、あなたの性格を表わしていることが多い。

反対にいえば、クセを見ればだいたいその人の性格、それも欠点が明確にわかる。なぜなら、クセは心の揺れや不安を表わすものだからだ。

たとえば、何かを見るとき、斜めから見下ろすクセがある人は、どんな場合も自分の行動に責任をもたず、言い訳や弁解をして逃げてしまうタイプだといえる。

たとえば、自分の意見を述べ、誰かに批判された場合、「いや、斜めからちょっと見ただけなんです。正確に見えなかったもので……」と言い訳ができる余地をキープしておきたいわけなのだ。

口ごもるクセがある人は、はっきりモノを言って、人から反論されるのを恐れてい

る場合が多い。モゴモゴと聞き取りにくい言い方ならば、聞いた人もまっこうから反論をぶつけにくい。無意識のうちに、それを計算に入れているのだ。

何かを言うとき、手を鼻やほおに当てたり、顔をいじるクセは、自分の話す内容にいま一つ自信がないため、鼻やほおに相手の視線を移し、論点をごまかそうとする気持ちがあるためである。

クセは単なるクセにすぎない。とくに裏付けとなる理由があるわけではないと主張する人もあるだろう。

だが、どんなクセでも必ずそのクセがついた理由がある。ただ、その理由が、心の奥深い部分に隠されていることが多いため、表面的には、クセには理由などないと見えがちなだけなのだ。

したがって多くの場合、そのクセを直すと、深層心理に横たわっていた問題点も直すことができ、気になっていた欠点が直るのである。

クセは、自分では知らないうちにやっていることが多いので、親しい友人などに頼んで、自分のクセを教えてもらうといい。

たとえば、私の弟子の一人に、人と話すとき、いつも片方の手の爪先でもう一方の手の爪アカをほじるクセがある男がいた。このクセは、話に気持ちが集中していない証拠なのだ。

なぜ、話に集中できないのだろうか。自分の意見にどこか無理があったり、ウソが混じっているからなのだ。

実は、その弟子にはもっと深刻なクセ、つまり、なにげなくちょっとしたウソをついてしまうクセがあった。

たとえば、彼はまだ結婚相手が見つからず、内心、ひそかに悩んでいるのだが、「彼女から結婚を迫られて困っているんだ。自分はいずれ独立するつもりなので、独立するまでは結婚するつもりはないんだが……」などと、とんでもないことをペロリと口にしてしまうのである。

この弟子はどうしようもなく見栄っぱりで、自分でも情けない現状をありのままに認めることができず、いつもかっこよく見せたい、自分を実像以上に立派に見せたいとする傾向が人一倍、強いようなのだ。

私は、こういう人に出会うと、皆の前で現実をわざとばらしてしまうことがある。そのほうが彼がずっと楽になるからだ。

「何を言ってるんだ。こないだも、彼女ができないんだって半分泣きベソをかいていたじゃないか。結婚を迫ってくる女性がいるくらいなら、あんな声は出さないだろう？」

満座の中で恥をかかせるのだから、人によっては、私を悪く言うこともある。だが、はたしてどうだろう。

その後、彼はずっと楽になり、ウソをついたり、背伸びをしてみせなくてもすむようになる。彼女ができなくて悩んでいることも知れわたってしまったから、世話好きの友達が、彼に似合いそうな女性を紹介してくれるかもしれない。

実際、彼は、友達の紹介で、お似合いの女性にめぐりあい、本当に近く結婚することになったというのだ。そのためだろう。その後、彼に会った時には、爪先で爪アカをほじるクセはすっかり陰を消していた。

「人のものを欲しがるクセ」

子どものころから人が持っているものが欲しくてたまらないクセのコがいる。友達がガンダムを買うと、すぐに家に帰り、「ボクにもガンダムを買ってぇ」と駄々をこねる。

クラスメートの一人がゲームボーイを買って学校の帰りに友達にみせびらかすと、親をねだりたおし、翌日には、自分もゲームボーイを学校にもっていき、「ボクだって前から持ってたもん」とウソをついて、みせびらかす。

こうした性質は大人になっても簡単には直らないものらしい。人が結婚すれば、そろそろ自分も結婚しなければかっこ悪いと思い、手近にいる女性と、とくに深い愛情を感じなくても結婚に踏み切ってしまう。

相手の女性も、もう年だから、と焦っていたりすれば、別に愛情を感じていなくても、結婚をOKしてしまうことがあるようなのだ。

誰かが子どもの写真でも見せようものなら、それまではとくに子どもが欲しいと思っていたわけではないのに、家に帰ると奥さんに、「うちもそろそろ子どもをつくろう」と宣言したりする。

同期入社の一人が家を買えば、自分も無理をしてでもマイホームを手に入れなければ気がすまない。

こんな風に一生を過ごすなら、「人が死んだら自分も死ぬのか」と言いたくなる。

自分が心底、欲しいと思うものを手に入れようとがんばるなら、その努力は自然の気持ちの動きに合っており、道家の教えからも十分評価される。

だが、人がもっているからという理由だけで、それを手に入れないと気がすまないというのでは実に幼児的だ。自分なりの主張やアイデンティティーのない生き方だといわざるをえない。

それに、こういう人は何かを手に入れても、必ずその上のものが欲しくなるのだ。これでいい、これで満足だということがなく、際限なしに欲の皮を突っ張らせつづける。したがって、満たされるということを知らない。何を手に入れても、さらに新しいものが欲しくなってしまうのだ。

したがって、一生、心から満ち足りることがなく、精神的には一生、貧しく追われるばかりの人生を送ることになる。むろん、誰でも、もっと新しいもの、もっと美しいもの、もっとよいもの、もっと便利なものを欲しくなる気持ちをもっている。この向上心も大事なものであることは事実である。

だが、向上心を大切にするその一方で、いま、手の中にあるものだけで十分、満足感を感じる自分に変えるように気持ちを切り換えないと、一生、地獄に落ちたように焦りつづけ、欲しいものが手に入らないイラだちにあえぎつづけることになってしまう。

何かが欲しい、無性に欲しいという気持ちを押さえられなくなったら、第1章で紹介した「静坐法」をやってみるといい。

「静坐法」をやってもまだ欲しいと思う気持ちがむくむく頭をもたげるなら、その欲望はあなたの本心から出ているものだと思えばよい。

　そして、答えを先に明かしてしまえば、心底、欲しいと思っているものは、必ず、手に入るようにできているものなのである。

　ある女性がこんな体験を話してくれた。友達の新婚家庭を訪問したところ、素敵なリビングルームに通され、ブランドもののティーカップでお茶とケーキを出してもらい、すっかり感激してしまった。友達を取り巻く生活のすべてがうらやましくなってしまったという。

　まさか、彼女のダンナまで欲しいという気持ちにはならなかったようだが、それ以来どうしてもブランドもののティーカップが欲しくてたまらなくなり、夫はもちろん、実家の親にまでねだっていたらしい。

　ティーカップといっても一客で三万円もするもので、カップを六客、ケーキ皿やティーポットなど、全セットで揃えようとすると、何十万円にもなってしまうという代物である。そう簡単には、手に入らない。

　その女性があるとき、別の悩みで私のもとにやってきた。よくある嫁と姑の悩みである。私は、彼女にも「静坐法」を毎日行なうことを勧めてみた。

　半年ぐらいすると、嫁、姑の仲もかなり好転したようだった。ある日、彼女がこんなことを言い出した。

「私、最近、とても気に入ったティーカップを手に入れたんです。バザーで六客で五百円だったんですよ。ある女性が、がんで余命が少ないという宣告を受けてから、手描きで絵つけをしたというカップなんです。もちろんプロの絵つけみたいに上手じゃないけど、素朴な味わいがあって、実にほのぼのした雰囲気があるんです。

このカップでお茶を飲んでいると、亡くなったその女性の分まで幸せに生きよう、とすごく前向きの気持ちになってくるんです」

紅茶カップは、お茶を入れるという機能さえ満たせば、とくにブランド品でなければならない必要はまったくない。私には、ブランドのカップよりも、こうした心のこもったカップのほうが値打ちがあると思えてならない。

最近は、ブランド品を買いたいばかりに、学校の帰りに援助交際をする女子高校生も少なくないそうだ。そんな女性たちに、ぜひ「静坐法」か「洗心術」をマスターしてほしいと強く願っている。

「人と張り合うクセ」

人より劣って見られたくないという気持ちが強すぎると、なんでも人と張り合い、人より劣っていると我慢がならない人がある。

イソップ物語の中にこんな話がある。二匹のカエルが向かい合っている。一匹のカエルがもう一方に、「やい、オレはこんなにお腹をふくらませられるんだぞ」と言って腹を思いきりふくらませて見せた。

ところがもう一匹のカエルも負けてはいない。「なんの、オレだって、そのくらいできるさ」。こう言って、こっちも思いきりお腹をふくらませた。

それをみた最初のカエルも、「負けてたまるか」と、もっとお腹を膨らませる。それを見たもう一方のカエルが「なんだ、そのくらい。オレさまだってできるぞ」と、さらに大きくお腹をふくらませた。

……こうして、際限なくどんどんお腹をふくらませていった結果、ついに二匹ともお腹が破れて死んでしまった……。

ばかばかしい。自分の身を滅ぼすまで、人と張り合うバカがどこにいるか。多くの人はそう思うだろう。だが、実は、こういう人はけっこう多い。

身近な例をあげれば、世の中の母親は、たいていこのカエルみたいなもんだ。相手の子どもが英語を習っていると知ると、すぐに自分の子にも英語を習わせる。自分の子のほうは、外国人に直接習っていると自慢したりする。

これを知ったもう一人の子の親は、心中おだやかじゃない。そして、英語だけでなく、バイオリンも習わせる。これを知ったもう一方は、ピアノを習い出す……。

こんな風にどんどんエスカレートしていき、気がついたときには、子供のスケジュールは毎日真っ黒けの過密スケジュールになってしまい、幼稚園児だというのに遊ぶ時間さえない。これでは歪んだいびつな子に成長してしまうと心配になってしまった。子供の成長には、遊びも大事な仕事なのだ。

男どうしでも、妙に張り合うヤツがいる。それも仕事の成績など、自分が達成するもので張り合うなら、適度な競争心をあおり、よりパワフルに仕事をするようになることもあるから、張り合う気持ちがプラスに働くことも多い。

ところが男の中にもくだらないヤツがいるもので、乗っている車の車種を張り合ったりすることがある。同僚が中古の国産セダンに乗っているのを尻目に、外国車の四駆を乗りまわしてみせたり、左ハンドルの外車に乗り換えたりするというような具合である。

それが、自分の経済状態にかなった車であり、本当に外車の性能を評価してそれを選んだのなら問題はない。だが、同僚に張り合う気持ちから目いっぱいのローンを組んで外車を買ったというようなヤツは、仕事の上でも、きっとろくな成績は残しっこないと断言できる。こういうヤツは自分自身というものがまるでないからである。

人と張り合いたいという気持ちの底流に潜んでいるのは、自分のほうがよく思われたいという我欲、我執である。

そんなものに振りまわされているかぎり、絶対に気持ちは楽にはならないのだ。道家の教えは、〝あるがままに生きろ〟ということに尽きる。こういう生き方は、とにかく、本当に楽なのだ。あるがまま、だから無理も背伸びもない。

自分は自分でいいではないか。わが子はわが子でいいではないか。自分の車は自分の尺度や好み、経済状態に合ったもので十分ではないか。

そもそも、自分の生活に本当に車が必要かどうか、もじっくり考えてみるといい。たまの休みに家族でファミレスに行くのに乗るだけ。せっかく、大金はたいてい車を買っても、そんな乗り方ぐらいしかできない人がほとんどだそうだ。そんな目的だけなら、わが家の前からタクシーに乗っていったっていい。税金、車検、修理費と車の維持費は想像以上にかかっているはずだ。

大して必要性もないのに、車をもっていること自体、世間並でありたいと世間と張り合っていることにならないだろうか。自分で運転しなければ、事故の心配もないし、駐車違反の切符を切られる心配もない。気楽でいいものだぞ。

こんなクセは人生をつまずかせる

「イライラのクセ」

ちょっとしたことにもイライラとイラだち、すぐにキレてしまう人が増えているという。いったい、なぜ、そんなにイラつくのだろうか？

答えはわかっている。なんでも自分の思う通りにならないと気がすまない性格の人間がやたらに増えているからである。欲しいと思ったものが手に入らなければふくれるし、まったく我慢することを知らない人間が量産されているのである。

最近は一人っ子が増えている。子どもが二人いるという場合も男の子と女の子という組み合わせならば、一人っ子が二人いるようなものだといえる。

母親は洗濯機に掃除機、料理は電子レンジでチンだから、家事には、ほとんど時間もエネルギーもとられない。そこで、あり余るエネルギーを子どもに注いでしまうのだ。まるで子どもを王子さま、王女さまのように扱い、子どもの望みはなんでもかなえようとしてしまうのだ。

その結果、子どもは我慢をすること、世の中には自分の思い通りにはならない場合もあるということを、まったく教えられないままに成長してしまうのである。

小さい時の願望は親ならたいていかなえてあげられる。お菓子が欲しい、玩具が欲しい、遊園地に連れていって欲しい……。小さな子どもの願望はだいたい、こんなものだからである。

だが、成長するにつれて、だんだん願望もふくらんでくる。そうなると、いくら親の絶対的な愛情でもどうにもならないことが増えてくる。また、いくら親でも手を出せず、自分の力でなければ達成したり、獲得できないことも増えてくる。

たとえば、よい成績をあげるには、はっきりいって、努力だけでは限界がある。頭がよくなければならないのだ。サッカー部のエースになりたいと思っても、抜群の運動神経がなければその夢はかなわない。

会社に入ってからも同じことだ。営業成績とは、ただがんばれば上がるという単純なものではない。運も必要なら、コネや引きが必要なこともある。

それなのに、子どものころから、親に頼めばなんでも願いがかなってきてしまった現代っ子たちは、自分の努力不足を棚にあげて、すべてを他人のせいにするクセがついているのである。

営業実績が悪いのは、自分の考え方を受け入れない上司のせいだ、特定の業者と癒着している得意先のせいだ、となんでも他人のせいにして、自分は悪いわけではない、と自分自身を安全圏に置いてしまう。

こんな風だから、望み通りの結果が出ないと、すぐにイライラカッカとして相手に当たり散らすのだ。当たる人がいないと、パチンコやパチスロでストレスを発散したりする。さらにひどい場合は、ガードレールを蹴飛ばしたり、通りがかった人に切りつけたりすることもある。

自分のキャパシティを知っていれば、「自分の能力はこの程度だ」と自覚しているものだ。そうすれば、それ以上に成績が伸びなくても、これほどすぐにイラだったりしないだろう。

人間には、誰にも〝分〟というものがある。その人、その人の得意、不得意もある。すぐにキレやすい人は、人生のほとんどのことは自分の思うままにならないと思っていたほうがいいかもしれない。

「ためらいがちなクセ」

自分の意見を求められたとき、はっきりと口に出せず、いつまでもグジグジと人の顔色をうかがっている人がいる。

それも、重大な決意を求められているなら、迷う気持ちもわからないではない。ところが、グジグジ型の人は、食事の後のお茶を紅茶にするか、コーヒーにするか、と聞かれたぐらいでも迷いに迷い、いったん「ミルクティー」と言った後に、同席の人が皆「コーヒー」と言ったりすると、「あ、やっぱり、私もコーヒー」と言い直したりする。

そんな人を見ると、私など、つい、自分の飲みたいものぐらい、自分できっぱり決められないのか、と大きな声を出したくなってしまう。

迷ったり、ためらったりするクセのある人は、自分のことを自分でよくわかっていないことが多い。だから、自分が食べたいもの、飲みたいもの、欲しいものがわからず、他人の様子を見てから決めようとするのである。

だが、結局は、他人の好みに従って決めたものなので、決めた結果にも満足できない。つまりは、いつも不満や不安の固まりで、「まったく困った人間だ」と言われても仕方ない。

何か行動するとき、ためらってばかりいる人もいる。

たとえば、会議で発言を求められたとする。前々から、いま、提案されているプロジェクトには異論があった。いまさら、その企画を進めても、すでに競合他社がずっと先を走っている。いまさら戦線に参加しても、負けるとわかっている戦に出陣するようなものである。それよりも、方向転換し、別の方向の企画を進めるべきだと思う。自分には、その企画の腹案がある……。

それだけ立派な考えをもっていながら、いざ、会議の席になると、体がこわばってしまって発言できない……。

だが、顔には何か言いたそうな表情が浮かんでいるのだろう。係長に、「Sクン、何か意見があるんじゃないか?」と名指しで言われても、「いや、あの……、別に……」などと口ごもってしまい、発言をためらってしまう。

迷いグセ、ためらいグセのある人は、自分に揺るぎない自信をもっていないのだ。かといって、まったく自信がないわけではなく、「自分では、悪くはないと思っているんだけど……」という程度のささやかな自信はもっている。だから、余計に始末が悪いともいえる。

こういう人は、失敗することをあまりにも恐れすぎているのである。ものを決めたり、行動に移すことは、もう一つの可能性を捨てることでもある。

紅茶を選べばコーヒーは飲めないし、会議で発言すれば、みなの質問攻めにあい、立ち往生することがあるかもしれない。沈黙を守っていれば、少なくとも、質問攻めには合わず、よくも悪くも注目を浴びることもない。

だが、なぜ、そんなにもう一つの可能性にこだわるのだろうか。紅茶かコーヒーかという程度の問題なら、次の機会に、今度は別のものを飲めばいいだけではないか。

会議の席となると話の次元は少し違ってくるが、万一、皆の質問攻めに合って、うまく答えられなかったとしても、新しい角度から企画を思いついたなら、そんな発想力にひそかに目を止める上司がいるかもしれない。

思い切って、一つの可能性を捨てれば、そこから新たな可能性の芽が生まれてくるのである。そう、考えを切り換えれば、ためらいグセはきれいに直るはずである。

どうしても迷ったり、ためらったりするクセが直らない人には、「気」を取り入れて選ぶことをおすすめする。「気」を取り入れれば、ものごとは必ず、うまくいくはずだ。

「気」を取り入れた選択をするとは、具体的にいえば、何かを選んだり、行動しようとしたときに、最初に頭に浮かんだものを選ぶことと同義だといってよい。それが、あなたがいちばんしたいことだと考えればまず間違いはない。その後に浮かんできた思いは、むしろ、我欲、我執から生じたものだといえる。

我欲、我執をなくせば、人生は楽に、心地よく過ごせることは、これまで何回も述べてきた通りである。ためらいグセのある人は、とにかく、まず、最初に思った通りに行動するようにするといい。

「おしゃべりのクセ」

昔は、女はおしゃべり、男は無口と相場が決まっていたものだが、最近は、男のクセにかんな屑に火がついたみたいにペラペラしゃべりまくるヤツが増えている。男だ、女だというと、セクハラとか男女差別だと怒られてしまう世の中らしいが、私はやっぱり、男と女は異なった役割をもっていると思っている。だからこそ、自然は、男と女の二種類の人間をつくったのだ。

もちろん、人間としての権利は男も女も差別があってはならない。だが、男に求められる行動と女に求められる行動は、自ずと違ってくるはずである。

それはともかくとして、気がつくと、一人でしゃべりまくっているというような人は、周囲に迷惑をかけるばかりでなく、周囲の信頼はけっして得られないと覚悟したほうがいい。

「アイツの耳に入れたら大変だ。彼は、あることないこと、なんでも人にしゃべりまくるんだ。まるで〝放送局〟みたいなヤツだからな。たちまち、世間中に触れて回られるぞ」

陰ではこんな風に言われて、大事なことはけっして話してもらえなくなる。

おしゃべりグセのある人は、概して、自分を無視されるのがイヤで、どんな場でもまず口火を切り、人が口をはさむ間もなくしゃべりつづける。まるで、地球は自分のために存在していると思い込んでいるようなのだ。

だが、地球はすべての人のために存在しているのである。一人でしゃべりまくって、他の人の出番を奪ってしまうことほど他人に対して無礼で、傲慢なことはないと知るべきだ。

また、おしゃべりな人には異常にやさしい面もある。サービス精神が旺盛で、その場の沈黙を黙って見てはいられないのである。

だが、ときには沈黙が必要なことがある。心に深い思いを抱えている人を慰めるには、黙ってその深い思いを共有してあげることがいちばんのやさしさなのだ。明るく励まそうという気持ちからかもしれないが、ペラペラとまくしたてられると、「お願いだから黙ってほしい」と思われるようになってしまう。

本当にやさしい人は、おしゃべりであるよりも、聞き上手であるはずだ。聞き上手とは、相手に思う存分話をさせ、しかもその話をしっかり受け止めてあげる心づかいのできる人をいう。

もし、どうしてもおしゃべりグセが直りそうもない場合は、一度、自分に負けないほどのおしゃべりの人と同席してみるといい。いかにおしゃべりがはた迷惑なものか、痛感するはずだ。

人の気持ちなど知らん顔で、一人、得意気にしゃべりまくるその人の姿に、自分の姿を重ねてみるといい。みっともないことこのうえないし、第一、うるさくてしようがない。

その姿こそ、昨日までの自分自身だった、とわかれば、さすがのおしゃべりグセもいっぺんで直るはずだと思う。

「口ごもるクセ」

口ごもったりして、要は人前で、自分の意見をはっきり言えない人は損をすることが多い。正直にいって、とても優秀な印象は受けないからだ。

「えーと……、えーと……」をくり返すばかりだと、よほど頭が悪いのだろうと思われても文句は言えない。

こうしたクセは明らかに、ストレスが高じていたり、根底に、対人恐怖症があったりする場合が多いのである。

だが、生まれながらに対人恐怖症だという人はまずいない。赤ん坊は機嫌がよければ誰にでもニコニコと笑いかけるではないか。

ところが、小さいときに人間関係でとんでもなく嫌な思いをすると、それ以後、人間関係がうまくいかなくなってしまうことが多いのだ。

たとえば、幼稚園のとき、お父さんやお母さんが参観に来ている日に、ハーイ、と一番に手をあげたのはよかったが、うっかり先生の質問をとり違えて、とんでもなく見当違いの答えをしてしまった。幼稚園児はまだ幼く、容赦がないから、皆が大笑いした……。

それがよほど恥ずかしかったのだろう。それ以後は、「ハーイ」と手をあげても、先生にあてられると、一瞬、この答えでよかったのかな、と迷い出してしまう。そして、「エーと、エーと……」と口ごもるようになってしまったというのである。

よく、人前で話をしようとすると、緊張感のため、口までこわばり、スムーズに言葉が出てこなくなってしまったりする人がいるが、こうした人は、きっとこんな経験があったに違いない。

以前、「引っ込み思案で、その上、ちょっとですが、口ごもるクセがあります。このままでは、社会人としてやっていく自信がないのです」という悩みの相談を受けたことがある。

この人には、発想を転換すべし、と教えた。引っ込み思案だという人にかぎって、本当は出たがりなのだ。だが、おそらく以前に、お前は出しゃばりだとたたかれた経験があるのだろう。それから、すっかりこわくなってしまい、出しゃばりどころか、引っ込み思案になってしまったのだと分析してやった。

「だから、キミの地のままに振る舞えばいいのだ。きっと、キミは本来は積極的な性格のはずだよ」

そう言ったら、ようやく納得がいったという顔つきになり、「そういえば、人前に出ると、自分が口火をきりたくてウズウズしていた」と話してくれた。その気持ちのままに振る舞えばよいだけのことなのである。

だが、出しゃばりは必ずしも、全面的に悪いわけではない。積極的で行動的、人を引っ張る力があるというように、前向きに評価もできる。この相談者が以前、たたかれたのはたまたま、その席に、他人の行動を批判的に見るクセのある人がいたためではないだろうか。

そう指摘したところ、たしかに、何につけても人の悪口ばかり言う人がいたと思い出したようだった。

「だとすれば悪いのはキミではない。人を批判的にしか見られない、その人物のほうがよほど問題だ」。そう言うと、本当に気が楽になったような顔になった。

それから……、私はもう一つ、アドバイスした。

「もし、出すぎていると批判されたら、そのときは、素直に、ごめんなさい、と謝ればいいんだ。出しゃばりだと言われる人は、人から出すぎていると批判されたりすると、血相変えて、いったい、オレのどこが出しゃばりなんだ、なんて開き直る傾向があるものだ。

あるいは、反対に、モジモジ口ごもるだけでいいかげんな態度をとったりする。こんな態度をとれば、あいつ、言いたいだけ言って……と嫌われるのは当然だよ」

それから、口ごもるなどのクセは、単に、話術が下手だという場合もある。思いあたるようなら、毎日、口を大きく開ける運動をしたり、「あ・い・う・え・お……」と一言、一言はっきり言う練習をくり返すといい。しばらく練習するだけで、かなりはっきりした声音になるはずだ。

心とは裏腹の行動に出るためのクセ

「嫉妬深いクセ……1」

嫉妬深いのは女性だと思い込んでいる人が多いようだが、とんでもない。男の嫉妬ほど恐ろしいものはないとよくいわれている。

だが、私は、男も女も、本来、人間とは嫉妬深いものだと思っている。いや、他人がうらやましく思う気持ちを嫉妬と名づけるからいけないのだ。他人の成功をうらやむ気持ちを向上心に結び付ければ、それは嫉妬ではなく、他人を手本にして自分を進歩させる原動力になる。

道家では、このようにもののとらえ方を前向きに転換し、つまり、頭を切り換えて、できるだけ自分にプラスになるように考えようとする。さらにいえば、悩みが少なくなり、同じ人生なら、できるだけ楽に生きられるように考えたり、行動したりする指針や考え方、方法を教えている。

他人の能力や才能を嫉妬する人もいる。だが、それはまったく無意味なことだと気づけば嫉妬心はなくなり、その人の才能を祝福できるようになるだろう。

一〇〇人の人間がいれば、一〇〇通りの才能があるものだ。

「いや、私には才能のかけらさえない。まったく平凡な人間なんです」と言う人がいるが、その人には謙虚になれる才能、または、本当の自分がちゃんと見える才能があるといえる。その人は、それに気づいていないのである。

また、人の才能が羨ましくてならないのはなぜだろうか。たぶん、あなたはその才能そのものではなく、その才能がもたらしてくれるものが欲しいのではないだろうか。はっきりいってしまえば、そんな人は途方もない欲張りなだけだ。

世界的なピアノのコンクールで優勝した人の才能を嫉妬する前に、その人は子どものころから、他の子が遊んでいる間も、毎日、欠かすことなくレッスンに明けくれていたかもしれないと考えたことがあるだろうか。

同じ高校出身の野球選手が億単位の契約金で引っ張りだこになっているなどと聞くと、まだ若いのにそんな大金が得られる彼がうらやましくてたまらず、嫉妬にかられたりする。だが、彼は、雨の日も風の日も筋肉トレーニングを怠らず、食べたいものも食べずに節制して、鉄のような体をつくり上げていることを考えようとはしない。

嫉妬深い人は、誰かの結果だけを見て、その水面下に隠された膨大な努力や、涙などに考えがおよばないのだ。

あなたは厳しいトレーニングやレッスンという人生を送ってきただろうか。彼らが汗を流している間、あなたはゲームに夢中になったり、テレビの前でスナック菓子でも食べていたのではないだろうか。

こうして分析してみれば、彼らの得たものは才能だけではなく、ものすごい努力の賜物であるとわかってくる。

かつて、こう言った人がいる。

「天才とは一%の才能と九九%の汗である」

あなたにも一%程度の才能なら、必ず何かあるはずだ。もし、平凡な人生を歩んでいるのだとしたら、九九%の汗を流さなかった結果にほかならない。天は、それほどに公平なものなのだ。

それを知れば、嫉妬すればするだけ、自分の怠惰さを思い知らされるだけだとわかってくるだろう。

「嫉妬深いクセ……2」

男女関係について、信じられないくらい嫉妬深い人もいる。たとえば、自分の奥さんが他の男性と口をきくだけでも、おだやかではないというのである。

最近、テレビによく出てくるあるミュージカル俳優は、アメリカ人と結婚した。この奥さんが異常なまでに嫉妬深いのだそうだ。俳優という職業がら、いったん外出すると予定どおりに帰宅できるとは限らない。テレビ番組の収録など、予定時間をはるかに上回ることのほうが多いのだ。

また、男には男同士、あるいは仕事仲間のつきあいがある。前々から約束してあるつきあいばかりでなく、その日の気分で、「ちょっと飲んでいかないか？」ということになる場合も少なくないのだ。

だが、彼の場合はこうした場合、イチイチ奥さんに了解を得なければならないのだという。それだけでなく、日に何度となく、奥さんのほうからチェックの電話が入るのだ。

昔は楽屋には電話がなかったからいちいち楽屋口の公衆電話までいかなければならず、それが面倒だからと、「電話はほどほどにしてくれ」ということもできた。だが、最近はところかまわず携帯電話が鳴る。

本番中や最後のリハーサル中はさすがに携帯を切っておくが、それ以外は、いつでも携帯が鳴り、奥さんにいま仕事はどういう段階で、何時ごろには帰れるだろうと報告しなければならないのだ。

世の中、便利になりすぎるとかえって困ることもある。その典型が携帯電話だといえないだろうか。

たしかに、俳優をやるぐらいだから、ダンナはかなりいい男だ。だが、それほどチェックを入れられたら、普通なら、かえって奥さんの目を盗んで浮気のひとつもしたくなってしまう。だが、テレビ番組で語っているかぎりでは、ダンナのほうも奥さんの異常な嫉妬心を、「自分を愛しているからこそだ」と思い込んでいるようなのだ。

まあ、二人でそう思ってうまくいっているのだから、他人がどうこういう筋合いではない。だが、これほど嫉妬深い奥さんに耐えられる男は、そうはいないと思う。

男女間の嫉妬心の根底にあるのは、相手をほかの男性や女性にとられないかという不安心である。反対にいえば、相手の自分に対する愛情を信じていない。そして、自分よりもいい女、いい男が現われれば、簡単に心移りするのではないかと疑心暗鬼になっているのだ。

だが、いい女、いい男の基準はいったいなんだろう。もっと美人が現われたら大変だというのだろうか。もっとえらい男、もっと立派な男が現われたら、あなたの彼女はそっちの男性にすぐさま鞍替えしてしまうと思っているのだろうか。

嫉妬心の裏側にあるのは、あなた自身の異性観である。男女の間をつなぐものは、美貌やその男性の社会的条件などではない。もちろん、こうしたものも条件の一部にはなるだろうが、それ以上に不可思議な思いが存在しているものだ。

友達が紹介する婚約者は、たいてい、日ごろ、理想の結婚相手と言っているタイプとは一致しないではないか。いや、自分自身の場合を考えても、なぜ、彼がよかったのか、なぜ、彼女にプロポーズしたのか、後になってみるとよくわからない場合も少なくない。

男女の間をつなぐのは、言うに言われぬ心の通い合いなのだ。道家では、こうした関係を、「気」が一致する同士という。こうした相手と出会うと、初対面からピンと感じ合うものがあることが多い。

「初めて合ったとき、ビビビーッときました」と、結婚相手をマスコミに披露した歌手がいるが、彼女は「気」が通じ合った、理想の相手を選んだといえる。

「気」が通い合うような相手と出会うことは、めったにない。だから、こういう相手と結婚していれば、外で美人に出会おうと、素敵な男性に出会おうと、嫉妬心にかられることはなく、毎日、安らいだ気持ちで夫の帰りを待てるだろう。

嫉妬心をおさえられないという人は、現在の相手と十分「気」が通じていない証拠である。おたがいに「気」を通い合わせるように努力すれば、やがて、嫉妬心などスーッと消えてしまうに違いない。

「融通がきかないクセ」

いったん、こうと思い込んでしまうと、ほかの考え方や方法があると聞かされても、絶対に考えを変えられない人がいる。要するに、融通がきかない人だ。こういう人は頭が硬く、ものごとには一つの答えしかないと頑固に思い込んでいる石頭人間である。道家では、こうした人間をもっとも問題視している。道家では、柔軟性をなによりも重んずるからだ。

富士山に登るにはいくつもの登山口があり、どの道から登っても到達する頂上は一つであることをご存じだろうか。人生も、これと似たようなものだ。

ある目的を達成するにはいろいろな方法があり、いろいろな考え方がある。どんな考え方をしても自由だし、むろん、途中から考え方を変えてもかまわない。人間、これでなければいけないということなど何一つないといってもよい。

明日はドライブに行こうと友達と約束したとする。ところが翌朝起きてみると、ひどいどしゃぶりだった。あんのじょう、友達から電話があり、「今日は景色もよく見えないからまた来週にしようよ」と言う。

するとなんだか面白くなく、「ドライブに行こうと言いだしたのはキミのほうだぜ。キミがそういうから、昨日のうちに地図でコースも確認しておいたんだ。第一、来週、休みがとれるかどうかなんてわからないさ。せっかく約束したのに。雨だって出掛けようよ……」なんてむくれてしまう。こんな石頭で、よく友達ができたものだと感心してしまうぐらいだ。

頭が硬いと応用問題ができず、仕事でも発展性が乏しくなる。仕事は毎日、その日の状況に合わせて応用問題を解くようなものなのだ。

また、頭が固いと人間関係でもトラブルが多くなる。同じ人でもその日の気分によって微妙に対応を変えなければならない。それが人間関係というものなのだ。

だが、融通がきかない人はとっさの判断や臨機応変の対応ができず、そのために人間関係も硬直してしまいがちなのだ。

このように頭の固い人は、道家の「頭の行法」を行なうとよい。

頭が固いというのは単なる表現ではなく、実際に頭への血液の流れがとどこおりがちであることが多い。「頭の行法」は頭への血行を改善する効果があり、それにともなって、しだいに考え方まで柔軟になってくる。

◉頭の行法◉

①両足を伸ばして座る。
②両手で、頭の下から頭の頂に向けて、指の腹を使って十数回、マッサージする。
③手を軽く結び、自分で気持ちがいいと感じる強さで、十数回、頭をたたく。

この行法をやると、頭がすっきりするのがわかる。毎日、つづけているうちに、気がつくとかなり融通性ができていることに気づくはずだ。

「ヒステリー気味のクセ」

ちょっと周囲を見てほしい。突然、キーッとなって我を失い、何を言っているのか、自分でもわからなくなってしまう人がいるだろう。こうなると自分でも歯止めがきかなくなり、ますますエスカレートして、しまいには怒鳴ったり、泣きだしたりして手がつけられなくなる。こうした典型的なヒステリーは、概して女性に多く見られるようだ。

ヒステリー気味になりがちな人は、一般的に幼児性が強く、人間関係に対して、あるいは仕事や人生など、何につけても甘ったれで、自分の思い通りにならないと、ど

◆頭の行法◆

両足をのばして座り
両手を頭の横におく

両手の指にやや力を入れて
頭頂部に向けてマッサージする

うしてよいかわからなくなってしまうのである。

誰だって、自分の望みどおりの人生が送れればいうことはないと思っている。ところが生きていくことはそう甘いことではなく、人生はむしろ、失望と落胆のくり返しだといってもいいほどだ。

けれども、人生は思い通りにならないからこそ面白いのではないだろうか。願った通りになってしまうなら、感慨もなければ驚きもない。考えてもみなかった展開こそ、新鮮な驚きと意外な喜びを運んでくれるはずである。

思い通りにならないから、少しだけ失望する。だがすぐその次の瞬間には、新しい希望が湧いてくる。期待通りにならないから、わずかに落胆はするものの、今度こそ、と新たに挑戦しようという勇気とやる気が湧いてくる。

こうして、自分の中に新たな「気」や力が湧いてくるのを実感することほど、エキサイトすることはない。同じ興奮するなら、ヒステリーになるのではなく、同じパワーを、エキサイトするほうに振り向けたほうがいい。

それから、ヒステリーをよく起こす人に、もう一ついっておきたいことがある。ヒステリーを起こす人は口癖のように、「誰々のせいでこうなった」「こんな結果になってしまったのは○○が悪いせいだ」などと言う。

だが、自分の人生に起こったことは、すべて、自分が種をまいたことなのだ。誰のせいでもない。誰が悪いのでもない。強いていうなら、悪いのは自分なのだ。

それがわかっていながらヒステリーを起こすなら、起こしたいだけ起こすといい。ヒステリーの対象は自分自身に向けるほかはないことに気づき、やがてむなしくなってくる。

だが、ここまでヒステリーを起こしてきたこともムダではない。むなしさに気がつけば、次の段階では、ヒステリーを起こすエネルギーを、前進するエネルギーに向ける知恵を働かすようになるからだ。

こうなれば、あとは黙っていても、前進していくようになる。

――弱気やあがりグセはこうして直そう

「弱きのクセ」

ここ一番が勝負！というときに、絶対に安全な道しか選ばない人がいる。

たとえば、入学試験なら、合格確実と太鼓判を押されたところしか受験しない。ワンランク上の学校を受験すれば、もしかしたら合格するかもしれないのに、その可能性に賭けてみようとしないのだ。

結婚相手を決める場合もそうである。本当に結婚したいのは、社内でも評判の美人で仕事もできるキャリアウーマンなのだが、「オレなんか、相手にしてもらえないに違いない」と、はじめからあきらめてしまい、ほどほどの女性とつきあい、「まあ、彼女なら、プロポーズしても断られないだろう」と安全圏内で手を打ってしまう。

こういう弱気な人は、大きな成功を手にすることができないばかりか、つねにビクビクオドオドの人生を送ることになってしまうのだ。

なぜ、弱気になるのか。その理由は明らかだ。異常なくらい、失敗したり、傷つくことがこわいのだ。

なぜ、そんなにこわいのかといえば、大した実力もないのに、そんな学校を受験して、と人から笑われはしないか。高嶺の花にアタックするなんて身のほど知らずだ、とモノ笑いの種になるのではないか、と常に他人の反応ばかり気にしているからだ。

こういう人に出会うと、私はいつもこう尋ねている。

「あなたの人生にとって、いちばん大切なのは誰なのか」

たいていは、「もちろん、自分です」という答えが返ってくる。だが、そう言って

いるのは口だけだ。弱気な人が一番重視しているのは、人の目、人の反応なのである。

わかりきっていることだが、他人があなたの人生を左右するわけではない。人生の主役はあくまでも、あなた自身なのである。

それがわかれば、他人がどう思うか、どう反応するか、ということにこだわる必要はないとわかってくるだろう。

弱気な人のもう一つの特徴は、あれこれ迷いがちという点だ。いつまでも迷っていると、その間に「気」が分散してしまうのだ。そのため、ようやく行動に出たときには「気」はすっかり弱ってしまい、最上の結果が出ないのだ。

もともと気が弱いので、望んだ通りの結果が出ないと、さらに落ち込んでしまう。こうして、「気」はどんどん弱体化する一方に向かってしまう。

「気」は「気」を連れてくるという特徴がある。強気になり、「気」を高揚させると、勉強や仕事はたいていスムーズに運び、よい結果が出る。よい結果が出ていい気分になれば、ますます「気」が高まり、さらによい結果につながる。運のいい人とは、こうして「気」をどんどん拡大させ、強化させていった人だ。

ところが、弱気は、この反対に、「気」をマイナスの循環にしてしまうきっかけになってしまうのだ。

弱気の虫がうごめいたら、そんなときこそ思いきり「気合」を込めて意思の力を振りしぼり、強気の勝負に出てみよう。それから後は、ものごとが黙っていても、うまくいくようになるはずだ。

「あがるクセ」

人前に出るとすぐあがってしまって、思ったことの半分もいえない、と相談にきた者があった。わざわざ、私のところまで相談にくるくらいだから、人前で講演したり、舞台に立つ仕事をしているのかと思ったら、ごく普通のサラリーマンだった。

そこで、どういう場合にあがるのか、と聞いたところ、「取引先で、提案の内容などを説明しようとするとすぐにあがってしまってしどろもどろになってしまう」ということだった。

こういう人は人一倍、自己顕示欲が強い。あがるのは、それが原因だ。

説明に入ろうとする前から、うまく説明して、絶対に契約に結びつけ、上司にほめられよう、などと思いを大きくふくらませてしまうクセがあるのだ。

思いがふくらめばふくらむほど、その反動で、うまく説明できず、契約にこぎつけられなかったら、会社に帰ってなんと報告しよう。また、契約がとれなかったのだと、課の全員に軽蔑されてしまう……と、失敗した場合のイメージもどんどんふくらんでしまうのだ。

こうした失敗を恐れるあまり、必要以上に緊張してしまうのである。

そんなことをくり返しているうちに、人前に立つ、そして話をするというようなある一定条件がそろうと、条件反射が形成され、大した話しでも場合でもないのに、ガチガチに緊張してしまうようになってしまうのである。

緊張すると神経が硬直したり、収縮してしまい、ひどい場合は痙攣が起こったりする。足がガタガタふるえたり、声がうわずってしまうこともある。もっとも悲惨なのは、思考回路が混乱し、自分でも何を言っているか、わからなくなってしまうことだ。

これでは、うまくいく話でもダメになってしまう。

こういう人には、私は、失敗した場合にどうなるか、シミュレーションさせてみる。冷静に考えさせると、一回ぐらい失敗したとしても、誰にでも必ず、次のチャンスが回ってくることがわかってくるのだ。

ある哲学者がこういっている。

「成功より失敗のほうがずっと価値がある。なぜなら、失敗した場合は、自分がさらに向上できるチャンスを与えられるからである」

なるほど、私もまったく同感である。

世の中には、若いときに成功したばかりに、そこで進歩が止まってしまい、小さくまとまってしまう人が多い。競馬などでもよくあることだが、ビギナーズラックといって、初心者には奇妙な幸運が味方することがある。すると、こんな初心者でも成功できるのだから、とその世界をバカにするようになってしまい、最終的には失敗する人もずいぶん多く見てきた。

ところが、最初に、言いたいことも満足に言えず、失敗してしまうと、まず、猛反省する。その結果、次に成功しても、失敗の苦い味を知っているためにつねに自重、自戒を忘れない。だから、さらに努力して、大きく成長していけるのである。

失敗には、こうした素晴らしい面があるのだ。

この失敗の素晴らしさに気づけば、失敗をおそれる気持ちは雲散霧消してしまうことだろう。そうなれば、どんな場合にも必要以上に緊張し、あがることはなくなるはずだと思う。

そうわかっていても、やはりあがってしまう人は、人前でもあわてず、自分の実力を発揮できるようになる方法がある。それは呼吸をととのえ、心臓の鼓動をととのえる行法だ。

◉あがりグセを直す方法◉

①手を軽く振って目を閉じ、ゆっくり口から息を吐き、それからゆっくりと鼻から息を吸う。これを三回、くり返す。
②左の手のひらを、右手の親指で三〇回ほど軽く指圧する。次に、右の手のひらを、左手の親指で指圧する。これを三回くり返す。

「ここ本番というときにあがってしまう」

模擬テストでは実力があるのに、いざ、本番の試験となるとあがってしまって、意外なミスをしてしまい、合格圏内に入って学校に入れなかったという人がいる。野球選手でも、ここ一番というときにかぎって、大きく空振りしてしまう選手がいるだろう。これも一種のあがり症だ。

とにかく原因は同じ。自己顕示欲が強い、要は自意識過剰なのだ。

大事な場面だから、それだけに張り切り、「よーし、絶対にホームランを打って、スターになってやるぞ」と力みすぎてしまうのである。気持ちはわからないではないが、あまり賢明とはいえない。

◆あがりグセを直す方法◆

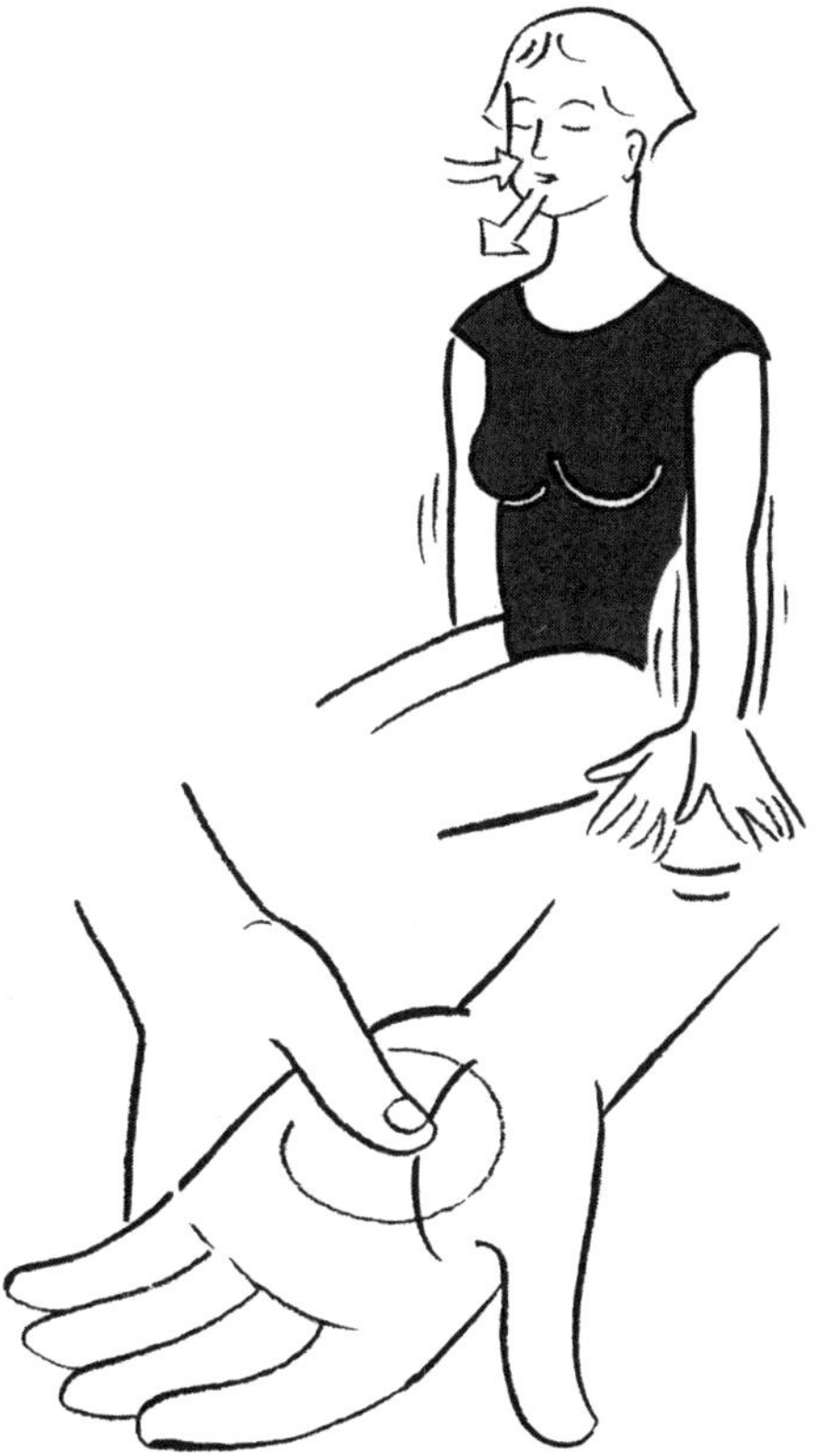

注意：人まえで話す直前に行なうと効果的

試験も同じだ。むろん、試験場の緊張した雰囲気に飲まれてしまう場合もあるが、緊張した雰囲気は受験生全員が同じく感じていることだ。

そうした中で、とくにあがってしまうという人は、「絶対に合格しなくちゃ恥ずかしい。絶対に失敗は許されない」と自分をがんじがらめにし、まったく余裕のない状態に追い込んでしまうからである。

あがり症の人は、「自分は気が弱くて内気だ」と思い込んでいることが多いが、とんでもない。その正体は、ギンギンにやる気に燃えていて、どこかで人の鼻を明かしてやりたいと思っている人であることが多い。

こういう人は、まず、そうした欲を捨てることからはじめるべきだ。普段のままの自分をそのまま出せば、結果は自然についてくるのだ。

試験には、合格もあれば不合格もある。試験には「時の運」という要素も入ってくる。スポーツの試合もまったく同じだ。誰が見てもホームランという当たりでも、敵のファインプレーにはばまれてしまうことがあるかと思えば、ポテンとボールが転がって、思いがけない逆転ヒットになったりする。

運は必ず、いつかは自分にも回ってくる。たとえ、今回はダメだったとしても次のチャンスを待てばいいだけのことではないか。

第3章

気をつけたい体グセ

【書き方で性格がわかる】
——字の大きさは気の強さを表わす

私のところには、毎日、数十通の手紙やはがきが届くが、その文字を見ただけで、差出人の年齢をだいたい、言い当てることができる。というのも十数年前ぐらいから、丸文字といわれるコロンとした字が増えてきたからだ。

だが、一見、同じように見える丸文字にも、よく見るとそれぞれ個性がある。文字はこれくらい、性格を正直に表わすものなのである。

まず、字の大きさである。届け出書類とかアンケート用紙などは、氏名、住所などを書くためのスペースが決められているものだ。罫線で囲んだ枠内に書き入れる以上、誰でもだいたい同じぐらいの大きさの文字を書くのではないかと想像するだろうが、とんでもない。

虫がはっているような小さな文字をチマチマと書く人もいれば、反対に、枠からはみ出しそうにデカデカとした文字を書く人もいる。枠内にちょうどおさまるような、ほどよい大きさで書く人のほうがずっと少ないぐらいである。

字の小さな人は、弱気で、引っ込み思案の性格が多い。まだまだスペースに余裕があるのに、勢いよく書いてはみ出してしまったら大変だとつい遠慮して、ゴミみたいな小さな文字になってしまうのだ。

また、字の小さな人はひとりよがりで、なんでも独占しないと気がすまないタイプでもある。試験の時など、大きな文字で答えを書いて、何かの拍子で人が見てしまい、同じ答えを書いて点数がアップしたら損をしてしまう、と考えるタイプなのだ。

こういうセコい考え方では、人生、どうあがいても、そう大きな成功はできないと断言しておく。万一、人に見られ、カンニングで点数があがった人がいたとしても、あなたの損にはまったくならない。損をするのはほかならぬ、カンニングをした当人ではないか。

字の小さい人は、枠内いっぱいに堂々と字を書くようにしよう。そう努力しているうちに、だんだん枠いっぱいの字が書けるようになってくる。しばらく努力をつづけていると、ふとした折りに、自分でもずいぶん積極的に行動できるようになっていることに気づくものだ。

枠からはみ出しそうな大きな字を堂々と書く人は、成功体質なのである。こうした文字の書き手は、与えられた環境や条件の中で自分を最大限に主張し、自分が望むまま、自分がしたいように伸び伸びと行動する人だからである。

つまり、知らず知らず、自分のその瞬間の「気」を目いっぱい活かす方法を知っているのである。

ついでにいうと、丸文字を書く人は、自分を主張せず、人の意見に黙ってしたがって生きていくことが多い。それどころか、自分らしさが表に出ないよう押さえ込み、自分でも「ナンバー3とかナンバー4ぐらいの生き方が無難だ」と思っていたりすることが多い。たしかに、ナンバー1になれば、人の注目も浴びるかわりに「出る杭は打たれる」で、ときには思わぬ反論を受けたりする。人から攻撃される心配もある。それにナンバー2は、ナンバー1からけむたがられる。

だが、はじめから自分のポジションを決めてしまうのでは、息苦しくないだろうか。

反対に、まるで書き方の見本のように、枠内にきれいにおさまった字を書く人がいる。実は、これはこれで問題なのだ。こういう人は自意識過剰で、どんな場合も、自分がほめられたり、注目される対象にならないと不満なのである。

文字には一文字一文字、それぞれ適当な大きさがある。勢いもある。その勢いのまま、あるところはやや大きく、あるところはやや小さめ。こうなるのがごく自然ではないか。

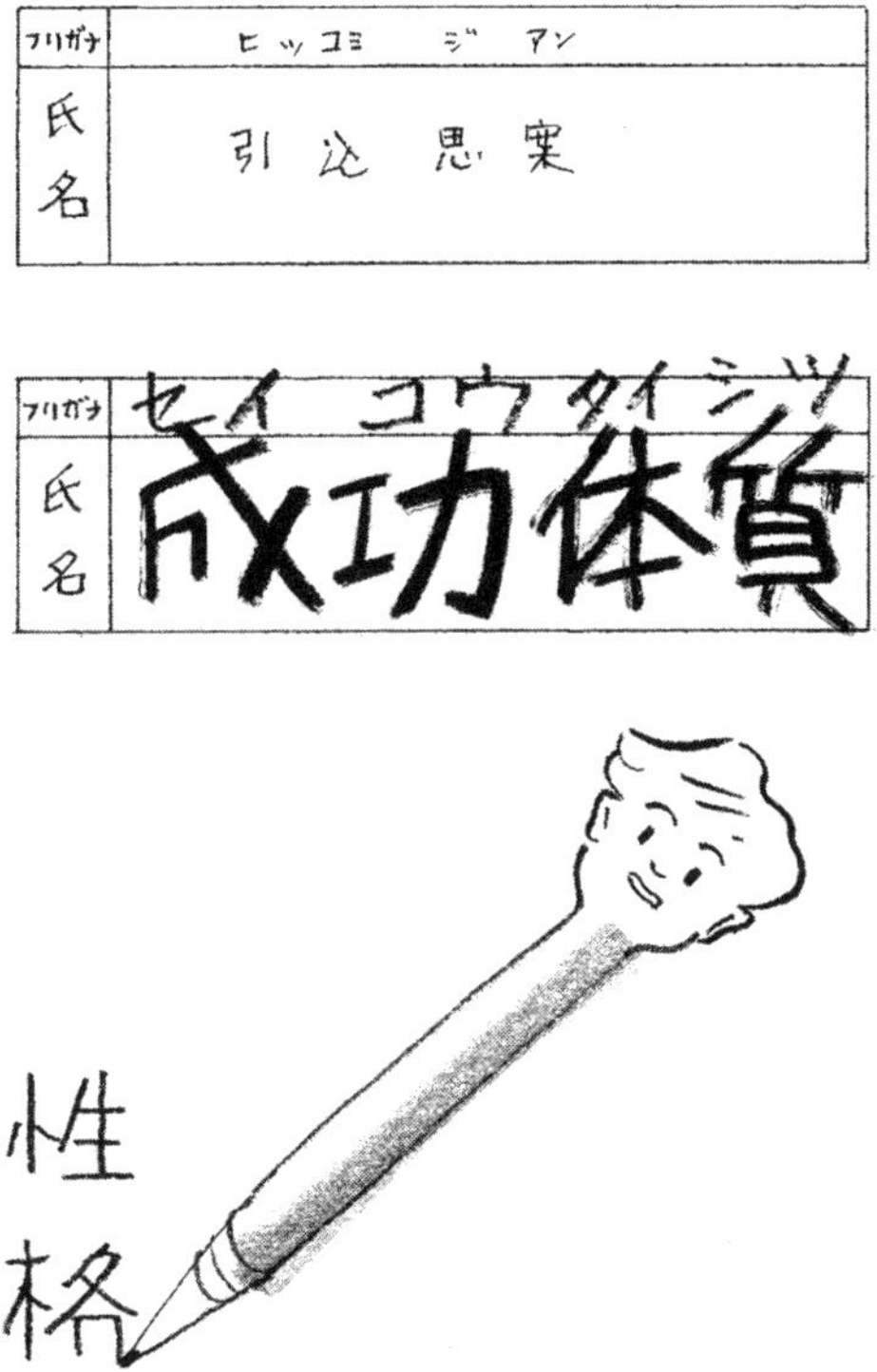
フリガナ
ヒッコミ　ジアン
氏名
引込思案
フリガナ
セイコウタイシツ
氏名
成功体質
性格

このように自然なスペース配分で、それでいて、どこかゆったりとした雰囲気を感じさせる字が書けるようになりたいものだ。あまり突っ張らず、といって人の目ばかり気にすることもなく、自然体で生きていかれるようになると、不思議なもので、文字の書き方も、自然で大らかになってくるはずだ。

――ペン習字の手本みたいな字は嫌われる

ある日、二十代はじめの女性が、「字が下手なので、転職しようかと悩んでいる」と言ってきた。こういう相談は以前はよくあったものだが、最近は、書類はほとんどワープロ、パソコンで書くようになり、文字についての相談は激減した。そこで、いったい、どういう仕事についているのか興味をもった。

彼女はつい最近まで、ごく普通の総務課勤務だったが、よく気がつくところを見込まれて、女性重役の秘書に抜擢されたのだそうだ。

秘書という仕事がら、重役にかわって手紙の返事を出すことも多い。さすがに重役にまでなる女性で、彼女の上司は、パーティーの出欠の返事でも、一言、言葉を書き足すことをおろそかにしない人だった。時々、上司が忙しいときには、その代役を命じられることがあるのだそうだが、こういうとき、彼女は、自分の字が恥ずかしくてたまらないのだという。

私が、「いったい、自分の字のどこが気にいらないいんだね」と聞くと、「ペン習字のお手本がありますよね。ああいう字を書きたいのに、私の字は幼稚っぽくて、理性的な印象にならないんです」という。

そこで、実際に字を書いてもらった。すると一文字一文字ていねいに書き、ていねいさが文字に現われていてとても感じがいい。全体的に見ると、きれいで読みやすい。私は、彼女にこう言った。「何を言っているんだ。キミの字は素晴らしい字じゃないか。私にいわせれば最高の字だよ」

ペン習字の手本は、たしかに流麗でみごとな字だ。だが、こんな字を、いかにも「私の字はうまいだろう」といわんばかりにすらすらと書かれたら、その得意気な表情まで浮かんできて、げんなりしてしまう。しかも、字がうまいと思い込んでいる人の字ほど、続け字だったり、崩し字が混じったりしていて、読みにくいものだ。

ところが書いた当人は、「自分は達筆だから、教養のない人には読みにくくて当然だ」などと、かえって得意げな顔をしていたりする。

こういう人は、これといった根拠もないのに、自分は優秀だ、とか、美人だとかテングになっていることも多く、とくに非難する要素はないにもかかわらず、人気がないどころか、周囲でも嫌われていたりすることも多い。

文字は、相手に、自分の気持ちを伝える手段なのだ。つまりは、読みやすいことがいちばん大切なのである。また、見た瞬間、「きれいな字だ」と感じるのは、一文字一文字の中心がだいたい同じ位置にあり、字と字の間がそろっている場合である。

もし、字が下手だと思っているなら、できるだけ字と字のバランスに気をつけて、ていねいに書く習慣をつけるといい。すると、見た目がかなりすっきりし、「きれいな字だね」とほめられるようになるはずだ。

誰もが書道の大家である必要はないのである。見た目がすっきり読みやすい字が書ければ、それ以上、欲を突っ張らせる必要はないだろう。

相手の立場に立って文章を書け

仕事で使うビジネス文書は別として、個人的な手紙がワープロやパソコンのものだと、正直いうと、どうしても親身に相談を受ける気持ちになりにくい。たとえ、文字が下手でも、その人がペンをとり、一字一字書いた文字だと思うからこそ、身を入れて、ていねいに読もうという気になるのである。

ところが、最近はラブレターもワープロやパソコンだったり、中には電子メールでプロポーズする人もあるそうだ。だが、ワープロ、パソコンによる手紙でも、文字は機械的な文字だが、文章の書き方で、相手の人格や性格はだいたいわかる。

概して、長々と同じことをくり返し書いてくるのは、典型的な「自己チュウ」の場合が多い。まるで、詩人か文学作家にでもなったように、自分の言葉や文章に酔いしれているのである。これを読まされる身がどんなにうんざりしているか、察しようともしない。

もしも、これがラブレターだったら、「こんな人の愛情は、受け入れないほうがいい」と忠告しておく。かといって、単に用件だけをぶっきらぼうに書いてある手紙も興ざめだ。昔、手紙の名文とされていたのは、「一筆啓上、火の用心、おせん泣かすな、馬肥やせ」であった。

なにかの用事で江戸に出かけた夫が留守を守る妻にあてた手紙だという。内容は、〝火の元に注意し、子どもをちゃんと世話し、家の財産である馬を太らせておけ〟というだけだ。なぜ、これが手紙の手本なのか、私にはわからない。

だが、私は、こんな手紙を出すような夫なら、離婚を考えてもいいとさえ思う。妻の立場を察しようという気持ちが少しもない。つまり、自分中心の手紙ではないか。

妻の身にしてみれば、まず、夫が外でどんな生活を送っているかが気がかりだろう。それに、自分のことも少しは気をつかってほしい……。

手紙を出す場合は、相手がどんな気持ちで読むかを思いやり、その思いに応える内容であることがいちばん大事なのである。

「自分が元気だから安心するように。お前は変わりはないか。子供は元気か。家のことで心配なことはないか。こちらはこうこうこういう具合だ。仕事はあとこのくらいで終わる予定だから、いついつごろには帰れるだろう」

最低でも、このくらいの内容は必要だ。

手紙でも会話でも、要は相手との気持ちの交流なのである。気持ちが通い合うような内容でないならば、その手紙の価値は半減してしまうのだ。

【目つきで、人の奥底を読む心理術】

――パチパチ、まばたきの多い人の性格

目は口ほどにものを言い、という言葉があるが、あれは間違いだ。目は口以上にも

のを言うものなのだ。

目を見ていれば、相手の人柄や性格はだいたいわかる。

反対にいえば、自分では理由がわからないが、なぜか人に好かれにくい、という人は鏡の前に立って、自分の目つきを分析してみるといい。

スーパーやデパートでは、万引きを発見する係員が、たえず店内を巡回している。係員は私服を着ていて、一般のお客さんにまぎれ込んで行動しているから、あからさまにお客をじろじろ見るわけにはいかない。

だが、さすがにプロというべきで、万引きをしようとしている人は、すぐに見分けがつくのだそうだ。

万引きをしようとしている人は目つきが安定せず、たえずキョトキョトと目を不自然に動かしているのだという。

もう一つの特徴は、やたらとまばたきが多いことだそうだ。まばたきをする人は心の中に不穏な動きがあり、それを隠そうとするあまり、必要以上にパチパチしてしまうのである。

こうしたことから、一般的にも、まばたきが多い人は「なんだか挙動不審な人間」ととられがちである。人によっては、緊張するとたんにまばたきが増えてしまうことがある。内心の不安を隠したい気持ちがまばたきになってしまうのだが、これでは、かえって内心に不安を隠しもっていることが見え見えになってしまう。

まばたきをするクセがある人は、できるだけ目元に力を入れ、大きく目を見開くようにしていると、しだいにまばたきが減ってくる。

だが、最初から人の目を見て練習すると、「ガンをつけたな。何か恨みでもあるのか」などといちゃもんをつけられ、思わぬトラブルを招いてしまう結果になりかねない。そこで私は、山や川などできるだけ視界が広がる戸外で、この練習をすることをすすめている。

戸外には自然の「気」が横溢している。その「気」を取り込むこともできるので、練習の効果と同時に「気」の効果も加わり、目元がいっそう力強くなり、驚くほどまばたきが減ってくる。

まばたきが減ってくると、それだけで信頼感あふれる目つきになり、あなたの印象も大きく違ってくる。そうなれば、「気」も運も大きく変わってくる。これも、「洗心術」の応用の一つである。

まばたきが多いという欠点を直しただけで、こんなに人生が変わってくるのである。あらためて、「洗心術」のものすごい効果に驚かされるはずだ。

目つきが暗い人の性格

「目つきに明るいとか暗いとかあるんですか」と不思議に思う人もいるだろう。明るいとか暗いなどの印象を与えるのは、顔全体の表情によるのではないか、と反論されそうだ。だが、たしかに、明るい目もあれば暗い目もあるものだ。

かつて、グリコの社長が誘拐された事件があった。社長は無事発見されたが、この事件の犯人のモンタージュ写真は、キツネのようにやや暗い目であることが特徴だと報道され、話題になった。

そんな目はそう多くないから、そこまでわかっているなら、犯人逮捕は時間の問題だろうといわれたものだ。実際はとうとう犯人を割り出せないまま、時効を迎えてしまったのだが……。

暗い目つきとは、目の光に力がなく、どことなくにごった、鈍い印象がある目をいう。

こんな目つきだと、けっして暗い性格ではないとしても、ポジティブな印象を与えないから、損をしがちである。

また、かくし事をしている場合も、本心を探られないように、人と目が合わないようにという気持ちから、伏し目がちの、力のない目つきになってしまう。

どこか体調が悪い場合も、まず、目に不調が現われる。体の弱い人、病気がちの人、精神力の弱い人も、びくびくおびえているような弱々しい目をしているものだ。

こうしたことから、目に力がない人はどこか陰険で、不誠実な人間だとか、精神的にも身体的にも弱く、頼りがいのない人とみなされてしまうのである。

それを避けるためには、できるだけ目を大きく、はっきり見開くように心がけよう。ほんの少し、そう努力するだけで、明るい性格とみなされ、「つきあいやすい人だ」と言われるようになるものだ。

明るい目つきをしている人は、目元に生き生きした光がこもり、前向きで意欲的な人という印象を与える。そして、こんな目をしている人なら、と信頼され、大きな仕事を任されることも多く、その自信からさらに目元の力強い光が強くなる。

「気」というのは、一度プラス方向に向かうと、さらに加速度がついて、プラスが積み重なっていく傾向がある。この、プラスの加速度を自分のものにするためにも、できるだけ明るい目つきを身につけたいものだ。

悩みを吐き出すと、目つきが明るくなる

では、明るい目つきというのはどうすれば身につくのだろうか。その答えは、はっきりしている。目は心の窓ともいう。明るいものの考え方をすれば、目つきも自然に明るくなる。

私のところにもずいぶん目つきの暗い人間がやってくるが、こういう人に、道家の考え方を教えると、真っ暗だった舞台に照明が灯されたように表情が明るくなり、あれよあれよという間に、考え方もすっかり明るくなる。

そうなると、精神的な視界も晴れてくるのだろう。自然に、「気」の流れに沿った生き方ができるようになり、やたらに将来を思い悩むこともなくなってくる。明るい考え方をするというより、自然や宇宙の仕組みを理解すれば、心の中はごく自然に晴れ晴れと開かれていくのである。

暗い性格の人は、よく、自分など生まれてこなければよかった、とか、自分はこの世で何の役にも立っていない、と落ち込んだりする。だが、この世の中には、存在しなくていいものなど何ひとつ存在していないのだ。

自分なんか生まれてこなければよかったと本気で思っているなら、その人はとっくの昔に自殺しているはずだ。でも、今日まで生きてきている。そのこと自体が、はっきりとはわからないが、生きていればきっと何かいいことがあるに違いないと感じていることを物語っていることに気づいていない。

はっきりいえば、自分なんか死んだほうがいい、と口に出すような人は、そう言えば周囲の人間が同情したり、心配して注目したり、気をつかってくれるだろうと、それを期待して、死んだほうがいいなどと口ばしっているのかもしれない。

要は、死んだほうがいいなどという人間は、とんでもない甘ったれなのである。そんな甘えには何の意味もない。もし、自分一人で背負えないほどの重荷があるなら、思い切って吐き出せばいいのだ。

私の弟子の一人は、つらい悩みや苦しみがあると、学生時代からの親友を呼び出し、「なあ、いいから黙って聞いてくれ」と、胸のうちに詰まっていることを全部吐き出してしまうそうだ。これで、すっきりして、つらい思いは半減する。

心理学的には、これをカタルシスというのだが、口に出したり行動に出せば、心の中によどんでいた思いは、きれいに浄化されるのである。

道家でも同じことを教えている。悩みを内にこもらせたままにすると、ゴミをためると発酵して腐敗臭を放つように、悩みの〝腐敗臭〟のようなものが目つきや顔つきににじみ出し、暗い印象になってしまうのである。

その弟子はそれをよく知っているから、悩みがこもってしまわないうちに、外に吐き出してしまうのだ。悩みを人に語りながら、同時に「邪気」も吐き出している。「邪気」をすっかり排出すれば、新鮮で、力に満ちた「気」が入り込んでくるのである。

こうして、気がついたときには、あれほど悩んでいた悩みがウソのように解決され、すべてがうまく運ぶようになり、目もとにも明るい光がいっぱいになっているわけだ。

——視線の強い人のほうが運も強い

にらめっことという遊びがある。おたがいに向かい合い、目と目を見つめあうのだが、先に目線をはずしてしまったり、吹き出してしまった方が負けという、ごく単純な遊びである。

最近の子どもはゲームで遊ぶばかりで、こういう単純な遊びはすたれてしまったようだが、この遊びには「気」の教えが、ちゃんと取り入れられている。

人と話をする場合、誠実であればあるほど、おたがいの目を見て話すものだ。このとき、「気」の弱い人、あるいは心に悩みがあったり、自分には儲けになるが、相手には損になる話だったりすると、目と目を合わせていられなくなる。そこで、すっと目線をはずしてしまうのだ。

また、話がとぎれると沈黙に耐えられず、あわてて、関係のない話を持ち出したりする傾向も目立つ。

視線をそらすのは、心にやましいことがある場合が多いのである。それが転じて、視線をそらしたり、すぐ下を向いてしまう人は、不信の目で見られやすい。

世の中には、視線恐怖症という悩みをもつ人もいる。人の視線を浴びるのも苦手なら、相手を見つめることも苦手、というのがその症状である。

視線とは不思議なもので、誰かがひそかに自分を見つめていたりすると、その気配はちゃんと伝わってくる。つまり、視線は「気」を運ぶのだ。

タレントスカウトという仕事がある。原宿などの街角に立ち、行き交う何万人もの若者の中から将来のタレント候補を見つけて声をかけるのだが、そのとき、必ずしも、ルックスだけをチェックしているのではないそうだ。

彼らがチェックしているのは、目がキラキラ輝いているかどうかだという。目に光があふれ、力強い視線の持ち主なら、人前で自己表現がうまいし、強い運をもっていることが多い。こういう子でなければ、厳しい芸能界を生き抜いていくことはできないという。

ところが、視線恐怖症の人は、その反対に、目に力がなく、相手に視線を注ぐこともできず、すぐに目をそらしたり、下をむいたり、しまいには目をつぶってしまったりする。

これでは、相手に自分の「気」を伝えることができず、いつまでたってもあなたの存在は認められない。存在が認められなければ、いくら実力があっても、それを発揮するチャンスは永遠にめぐってこない。これでは、人生お先真っ暗である。

人と向き合っているとき、視線をすっとそらしたくなってしまうようなら、一瞬、目を見開くようにして、目元に気合を込め直すといい。こうしたことをくり返しているうちに、しだいにしっかり相手を見つめつづけられるようになる。

こうなれば、信頼感あふれる頼もしい人間だと思われるようになって、仕事の成果も、どんどんあがるようになるはずである。

【顔型で人間を判断する】

顔には人生のサイクル運が表われている

薄幸の美少女という表現があるように、どことなくはかなげで、幸せに縁遠い印象を与える顔がある。ほっそりとして血の気が薄いなど、体が弱そうな印象を与える顔をいうことが多いが、ほかに全体に覇気、つまり「気」が乏しい場合もある。また、顔型から、そうした印象をもつ場合もある。昔から、顔型と運勢には深いつながりがあり、人相鑑定などは、顔型の特徴をもとに、運勢を予言するわけだ。

道家でも、観相の一部として、顔を見て、その人に予想される運勢を伝え、もし、悪い芽が見られるなら、早めのその対策を講じるようにアドバイスしている。

ここでは、自分で自分の顔型をチェックし、運勢を知る方法を伝授しよう。

顔の三質は心身の状態を物語る

顔全体の印象は三つのタイプに分けられ、それぞれのタイプごとに、性格や体質を表わしている。つきあう相手がどんな顔か見定め、顔型から性格を推測して人間関係を進めると間違いがなく、仕事や交際も順調に運んでいくものだ。

また、自分の顔がどのタイプかを知って、自分の性格や行動傾向を知っておいたり、その傾向が欠点だと感じられるなら、それを克服しようとがんばるのではなく、できるだけ気にしないようにしていると、やがて、その欠点はほとんど目立たなくなる。すると、いろいろなことがうまく運ぶようになってくるものである。

顔だちは鏡に写して見るのもいいが、何人かの人と一緒に撮った写真のほうが、より客観的に特徴を把握できる。周囲の人と比較すれば、いやでも特徴が目に入るからだ。

まず、全体的にまるみを帯びた肉づきのいい顔だちで、とくに豊かなほお、たっぷりとしたあご、大きな鼻が特徴の顔がある。こうした顔を栄養質という。俳優でいえば西田敏行、中村勘九郎、女優では小川真由美、泉ピン子、富士真奈美などがこのタイプである。

額はさして広いわけではないが、生えぎわがあがり、しまった口許の顔を心性質という。俳優でいえば東山紀之、中村橋之助、木村拓哉、女優では酒井和歌子、岩下志麻などがこのタイプである。

がっしりと角張り、骨っぽいあごをしていて、眉骨、ほお骨などが発達しているタイプを筋骨質という。俳優でいえば、山崎努、高倉健、緒形拳、渡辺謙など、女優では大地真央、常盤貴子などがこのタイプである。

「栄養質は欲求が強く、親分肌の人が多い」

栄養質の人は、見た目の豊かさとは裏腹に、小心者で、いつもオドオドしていることが多い。あまり高い理想はもっておらず、努力好きでもなく、どちらかといえばだらしなく、怠けがちであることが多い。そのため、あまり大成することもない。

だが、石橋をたたいても渡らないといった慎重さが幸いして、大きな失敗もしないから、人生の浮き沈みはなく、安定した人生をまっとうできる。

栄養質の人は金銭欲、食欲、性欲など、人間の基本的な欲望は人一倍旺盛で、とくに男性は浮気が絶えず、こういうタイプの人と結婚する場合は覚悟が必要だ。

ある程度の年齢になっても食欲は衰えないため、肥満が進むことが多い。そのためもあって、糖尿病、腎臓などの病気になる確率が高い。

ただし、このタイプでも、よく通って、響きのある声をもっている人は例外的に、驚くほどの成功体質であることが多い。

顔の三質

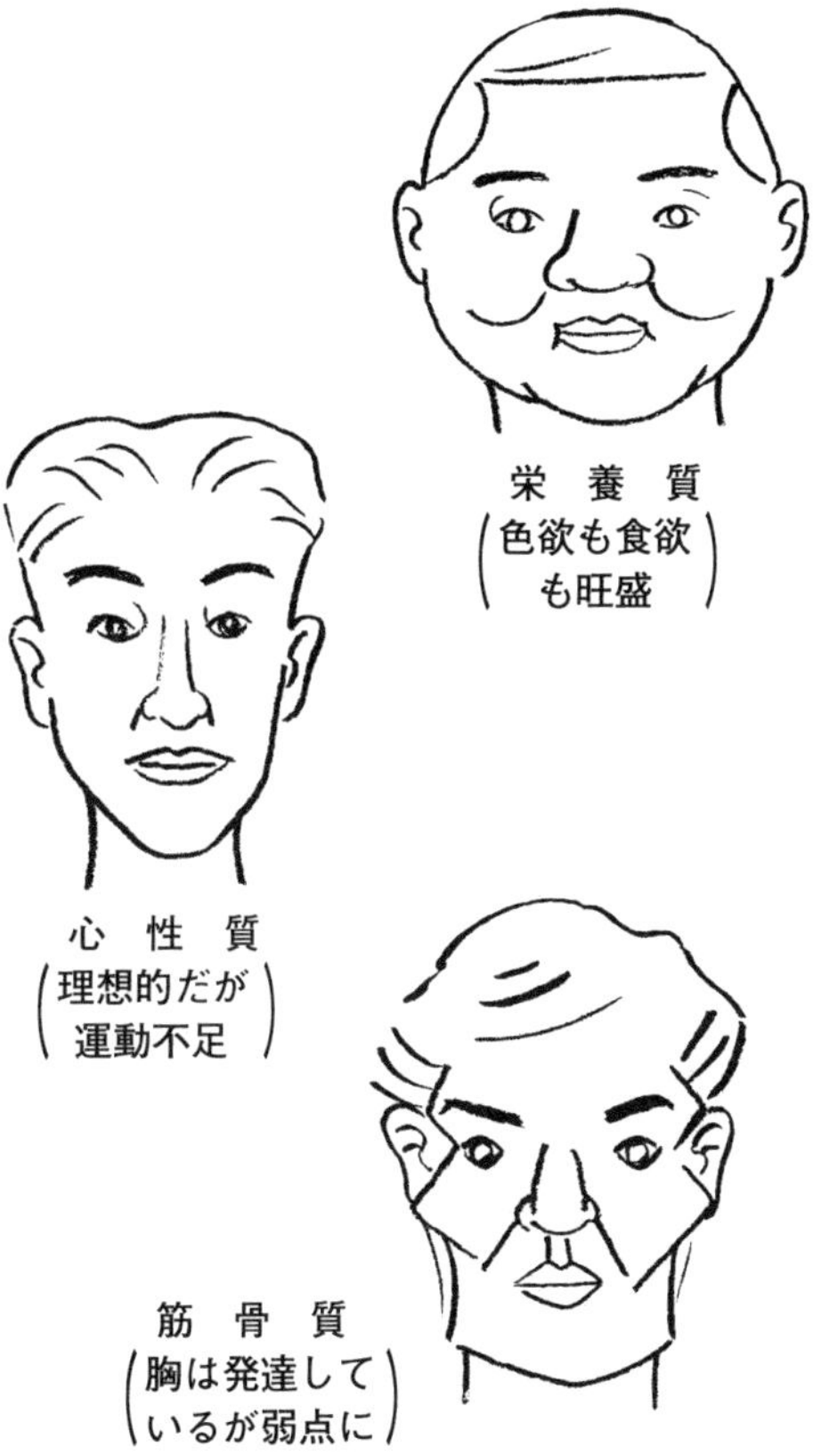
栄　養　質
（色欲も食欲も旺盛）
心　性　質
（理想的だが運動不足）
筋　骨　質
（胸は発達しているが弱点に）

ニュースキャスターとして活躍している木村太郎なども、典型的なこのタイプである。ぽっちゃりした平凡な風貌だが、鋭い舌鋒で批判的なコメントをしても、丸みをおびたおだやかな風貌のため、あまり反感をもたれず、そのため、キャスターとして成功した。

ビジネスマンも、このタイプで声がよければ親分肌で実業家に向いていて、独立しても成功することが多く、家庭も円満、経済的にも不足のない豊かな生活を営める。

この体質の人は、とくに声が幸・不幸を分けるポイントになるので、「のどを強くする方法」を実行して、声をよくするようにしてほしい。

◉のどを強くする方法◉

①両手の親指で、両側の耳の下、あごのつけ根あたり、あごの先の舌下をそれぞれ押してやる。耳の下は耳下腺《じかせん》、あごのつけ根は顎下腺《がっかせん》、あごの先は舌下腺《ぜっかせん》といい、それぞれ清津《せいづ》の出る穴があり、ここを三回ずつ押してやれば、口中に清津がいっぱいになる。その清津《せいづ》をすこしずつ、徐々に飲くだせばよい。清津を出しやすくするには、

②図のように机の上にでも両肘を置き、ごくふつうに頬杖《ほおづえ》をつく。このとき両方の親

◆のどを強くする方法◆

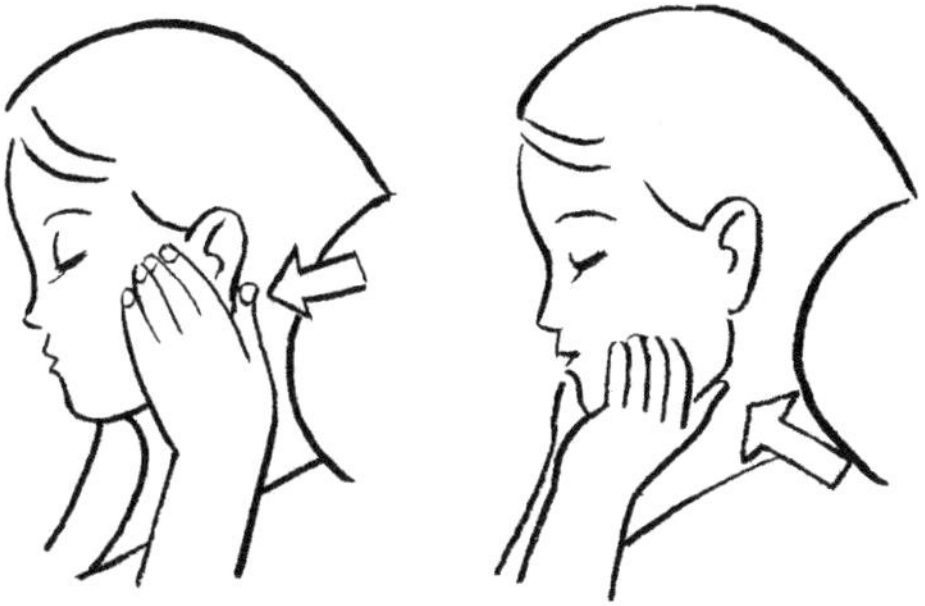

両手の親指で、耳下腺→
顎下腺→舌下腺の順に、
それぞれ3回ずつ押す

頬杖をついた姿勢は
清津（唾液）を出や
すくする

指は下アゴの内側に当てがい、適当に力を加えてやるようにする。

よく、ぜん息の子どもが、ぼんやりとこうした姿勢でいることがあるが、彼らは頬杖をつけば唾液が出て、気分が楽になることを本能的に知っているわけだ。

「心性質は頭でっかちな理想派」

とにかく頭のよさは天下一品。なににつけても理論的で、議論をしはじめたら、誰にも負けない。その一方で感受性も豊かで、音楽、絵画など芸術に対する感度は鋭く繊細だ。

しかし、その反面、誰とでも心を許して交われるという、大らかであたたかな気持ちに欠ける点がある。むしろ人見知りをしたり、特定の人だけしか仲良く交われないところもあるので、集団の中では孤立しやすい面がある。

運動が苦手な場合が多く、そのため、どこかに屈折した劣等感をもっていることがある。スポーツに興味があるにもかかわらず、人前ではスポーツを軽蔑するような態度をとったりして、ときに人に嫌われる傾向が加速することがある。

こういう傾向が見られる子どもは、勉強は放っておいてもよくできるのだから、勉強より、小さいころから何か運動に打ち込ませるとよい。

このタイプは、栄養質とは対象的で、物質欲、性欲などの欲望はきわめて弱いか、ないに等しい。だから、周囲でよほど刺激を与えないと、大きな成功は手に入れられない。だからといって、あまり深刻に悩みもしない。本人はそれでいいかもしれないが、家族はあまり幸せとはいえないだろう。

また、体もあまり丈夫とはいえず、頭痛、神経痛、不眠症、腰痛、内臓下垂などの病気にかかりやすい。

このタイプの女性はやや結婚運が悪く、性的な欲求も強くないので、夫に不満をもたれやすく、夫が浮気をして、離婚に追い込まれる、というケースもときにある。

だが、このタイプも救いは声である。「鈴を振るような」といわれるように、よく響くきれいな声の持ち主ならば、このタイプでも理想の結婚ができ、幸せな結婚生活をまっとうできる。

このタイプの場合も、「のどを強くする方法」をくり返し行なって声をよくすれば、万事、よい方向に転換できる。

「筋骨質は行動力があり、成功に向かって直進する」

このタイプの人は勇気、忍耐力があり、心に決めたことを必ずやり抜く強さももっている。正義感が強く、潔癖で、ちょっと融通がきかないところがある。しかし、概して優秀で、人一倍努力もするので、どんな仕事についても成功への道を突き進んでいく。若くして頭角を現し、世間の評判を集めることもある。

ただし、正義感が強すぎるため、〝清濁、合わせ飲む〟ことは不得意だ。また、人のミスにこだわり、心から許すことができないので、チームプレイが不得意な場合が少なくない。

そのため、組織を動かす仕事というより、孤軍奮闘型の人生を送りやすい。そういわれてみれば、一匹狼で力を発揮し、成功する人には、このタイプの人が圧倒的に多いことに気がつくだろう。

女性では、このタイプの人は結婚よりも仕事運が強く、いわゆる女性の幸せよりも、仕事での名声を得ることが多かったりする。子どもをもたない場合も少なくない。

このタイプには、どこといって欠点がないように思われるが、伏兵はとんでもないところに潜んでいる。突然、病に倒れ、人生のすべてを棒に振ってしまうことがあるのだ。とくに心臓をやられることが多いので、循環器の健康には注意したほうがいい。暴飲暴食、過労などをしないこと。

とくに若い間の無理は禁物だ。中年までを無事に乗り切れば、案外、健康的にも人生をうまく乗り切る場合も少なくない。

このタイプの人は、道家の考え方を身につけ、人のミスを気にしないように努めれば、人との和を保つこともうまくなり、落とし穴に落ちるような意外な失敗をすることもなく、破綻のない人生を歩める。

女性も、強い愛情をもてる相手と出会えば、仕事運を家庭運に振り向け、どんなタイプよりも素晴らしい幸せを手にすることがある。

顔型は性格を物語る

顔の輪郭も、性格や体格を知る手がかりになる。顔型を、たまご型、八角型、長四角型、台型、菱型の五つに分けて考え、道家ではこれを「五型」と呼んでいる。

「たまご型は気弱な八方美人」

全体にまるみを帯びているが細長い顔型で、きれいな楕円型の輪郭をしている。

この型の人は八方美人の優等生タイプで、誰ともソツなくつきあい、大きな失敗もしない。

ところがこれがかえってアダになり、心からの親友ができにくく、特筆されるような成功にも至らない場合が多い。

また、何でもうまくいかないと気がすまないところがあり、それが高じて、クヨクヨと小さなことを気に病んで、たえず、弱気の虫に悩まされている。人の目が気になって仕方がないため、ほめられればお世辞だと思い、批判されればもうダメだと落ち込み、何もいわれなければ無視されたと、さらに落ち込む。手のつけられない甘えん棒なのだ。

自信がなく弱気であるため、決断力、実行力にも乏しい。

だが、このタイプの人でも、大きく響く声をもっている場合は、誰とでも信頼関係を築き、自分の能力に自信がもてるようになり、成功体質に転換できる。

私の友人の一人が典型的なたまご型人間だった。若い時は自信もなく、たえず人の目を気にしてばかりいたが、私の忠告でのどを強くし、発声法をマスターしたところ、とてもよく響く声が出せるようになった。すると、不思議なほど自信がもてるようになり、性格も雲が晴れるように明るくなり、中年から仕事運も急上昇。いまでは、親から受け継いだ小さな会社を従業員三〇〇人規模に成長させ、近く店頭上場すると張り切っている。

顔の輪郭の5つのタイプ

「八角型はがんこで、意志を貫き通す」

全体の輪郭はたまご型に近いが、ほお骨が張っていて、おでこの両サイドも角張っている。あごの先も切り取ったように角張っていて、全体にゴッゴツした印象がある。このタイプは、強情で人一倍のがんばり屋。だが、それだけ人の成功がねたましく、メラメラと嫉妬心を燃やしている。一見、強い性格のように見えるが、内心はノミの心臓の持ち主といわれるぐらい小心で、人の目が気にかかってしようがない。保守的で、いつも人の歩いた後の道しかいかない。それだけに、小さくまとまった人生を歩むことになる。

弟子の中に、このタイプの人間がいた。この弟子は、自分の欠点に気がついて、それを克服したいと私のところにやってきたのである。

私は、人の目を気にしているかぎり、欠点は直らないと宣告した。

「キミ自身の人生なんだよ、人がどう思うかなんて関係ないじゃないか。思った通り、生きなさい」

そう言ったところ、彼は目からウロコが落ちたようだった。

いままでは、彼は大手の企業の部長になり、部下を信頼し、張り切って仕事をしている。

「長四角型は感情過多で、いつまでも夢を追いかける」

細長い顔だがあごもエラも張っている。このタイプは、自分の夢を大切に生きることが多く、若いときに出合った夢を生涯追いかけつづけ、ついには成功を手にする幸せな人生を送ることが多い。

しかし、いつまでも子供っぽいところがあり、現実を見つめようとしないため、世間離れした生き方をしたり、家族を夢の犠牲者にしてしまうこともある。

女性でこのタイプだと、現実とはかけ離れた夢に酔った生き方をすることが多い。たとえば、ごく普通の才能、顔だちなのに、東京に出て女優になると心に決め、その夢をいつまでもあきらめられない。そのために、いくつになっても、地に足のつかない人生を送っていたりする。そのくせ、見栄っ張りなので、帰省するときには借金してでも派手な洋服を着て、山のようなおみやげをもって、成功したように演じてみせたりする。

私の弟子の知り合いにもこういうタイプの親戚がいて、見るにみかねて相談されたことがある。私は、その女性を連れてこさせ、見栄をはることの無意味さ、突っ張ることの無意味さを説いてきかせた。その女性は、実は、いつまでも見栄を張ることに疲れていたのだと、涙ながらに告白した。

いまでは、素の自分に戻ることができたようで、ありのままの自分を堂々と見せているそうだ。その分、明るくなり、若々しく、生き生きした印象が戻ってきたという。

「台型はひたすらがんばる努力家」

顔の下半分が発達していて、とくに、ほおからあごにかけての肉付きがよい。このほおの肉が固くしまっていれば、中年から晩年にかけて必ず出世する強い運をもっている。

常識家で経済観念もしっかりしており、周囲の信頼も厚い。

このタイプの欠点は、人に頼まれるとイヤとは言えないところである。お金を貸しては返してもらえなくなり、結果的に大事な人間関係も失ってしまったりするのだ。

男性の場合は、女性関係に弱く、せっかく成功しても、つまらない女性にだまされ、大事な家庭を崩壊させてしまったりする傾向がある。

女性の場合は、社交性が豊かでセールス関係の仕事にはうってつけ。経営者として成功する女性は、たいていこのタイプである。

相談者の中にもこういうタイプの人があった。仕事は波にのり、ますます発展しているが、夫がまったく家に帰らなくなってしまったという相談だった。私は、そんな夫なら放かしてしまえ、と言ってやった。未練を断ち切ってやるのが愛情だと思ったからだ。彼女は離婚を成立させ、ますます伸びやかに仕事に没頭していった。

すると不思議なもので、こういう彼女にほれる男が出てくるのだ。年も若く、なかなか誠実な恋人を得て、いまの彼女は女性としても十分に満たされ、そのためか、すっかり若返り、美しくなったともっぱらの評判だ。

「菱型はリーダー役にぴったり」

ほお骨が飛び出しているが、ほおはこけて、あごは細い。額の両サイドはすっとしまっている。こういう顔型の人は神経質で、しかもいったん気になったことはいつまでも気になるタイプで、小さなことにこだわりつづけることが多い。とくに、他人のことが気になってたまらないところがある。

しかし、世話好きな面はリーダー役に向いており、職場でも、グループのまとめ役を任せると力量を発揮する。ただ、手柄を自分のものにしたい傾向も見られ、これがあまり強く出ると、部下の支持を失い、結果的には、大きな成功には至らないことが多い。

女性の場合は世話好きで、細かいところに気がつきやすいところから、行き届いた主婦、母親になる。だが、近所では「世話好きだが、うっとおしい」と言われる存在になりかねない。他人のことにあまり首を突っ込まないようにしないと、結局は近所の鼻つまみものになってしまうので、注意したほうがいい。

知人の奥さんがまさにこのタイプだった。彼女は適齢期の男女をみると、すぐに一緒にしたくなるクセがあった。私が、「他人のことは放っておいたほうがいい」とアドバイスしたところ、最近は近所のノラネコ対策にかけずり回っているという。ノラネコの子を保護しては、貰い手を探して奔走しているのだ。

このように、関心をちょっと他に向けると、彼女の気持ちも満たされ、はたの迷惑も少なくなり、長い目でみると、うまくいくことが多い。

【酒の手つきで性格や行動を変える】

——酒による性格診断を逆利用する

よく、酒の席では人格が一変すると言ったりするが、そんなことはない。酒を飲むと、日頃、隠されていた本性があらわになるだけのことだ。

酒を飲むと、大脳皮質の新皮質の働きが麻痺してくる。この新皮質は思考、判断力、意思などをコントロールする部分であり、この部分が麻痺すると、理性で押さえているその人の本性がストレートに出てくるというわけである。

つまり、酒を飲ませれば相手の本性がよくわかるということだが、相手の大脳が麻痺してくるころには、つきあっている自分もなんだかあやしくなってきてしまう。

だが、酒の飲みはじめ、まだそれほど酔っぱらっていないころに相手の飲み方をよく見ていると、大体、その人の性格を判断できる。

反対に、この方法をマスターし、それを逆利用すれば、自分の性格の欠点をカバーしながら酒を飲むことができ、人間関係を有利に進められるのだ。

「積極的に攻めたいときは利き手でグラスをもつ」

一般には右手、利き手でグラスをもつのは、絶対に失敗したくないという態度が知らず知らずに表われたもので、攻撃的で完璧主義のタイプに多い。

そこで、今日は相手を先に酔わせたいというときには、相手の利き手と反対側に座り、逆手でグラスをもたせて何回も酒を注ぐようにする。もちろん、自分は利き手でグラスをもち、できるだけゆっくりしたペースで飲むようにする。お酌役もなるべく自分が先手をとり、相手が酌をする機会を少なくしたほうがいい。

女性も、利き手でグラスをもつようにすれば、相手にペースを奪われることなく、最後まで自分の意思通りに行動できる。反対に、今日は彼氏とどうにかなってもいい、いや、どうにかなりたいという日には、利き手と反対側の手でグラスをもち、早めに酔ってしまったほうがいいかもしれない。

「両手でグラスをもつのは気心の知れた仲」

うっとりと相手を見つめ、両手でグラスを掲げるようにもつ。こういう人は、酒ではなく、相手に酔ってしまうことが多く、どこといって取り柄のない人に、すっかり惚れこんでしまったりする。

恋に恋するタイプだが、たとえ短い間でもそれなりに幸福感に酔えるのだから、案外、幸せだといえるかもしれない。

今日はなんとなく気持ちよく酔いたい気分という日は、両手でグラスをもち、話に花を咲かせるときも、カウンターに両ひじをついて話をすると、その場の気分にひたりきり、一晩、甘い夢を見たような気分になれる。

「小指を立ててグラスをもつ人は気取り屋で気分屋」

カクテルグラスなどを、小指を立ててもつ人はちょっとキザだが、案外お人よしで自信過剰だから、頼みごとをするには最高の相手である。絶対にイヤとは言わないからである。

女性でこういう持ち方をする人は、自分にかなり自信をもっていて、男に誘われたい気持ちでいっぱいだ。もし、一晩だけのおつきあいを求めたいなら、こういう女性に声をかければいい。

だが、自分の意思でこういう持ち方をあえてする場合は、反対に、「絶対に自分を失わないぞ」という、自分に対する意思表示だと思ってよい。

「グラスの底をもつ人は大雑把でことなかれ主義」

グラスの底をもって豪快に飲みほす人は、楽天家で、努力という言葉とは無縁の人生をおくるタイプだ。「ものごとはなるようになる」と信じていて、どんな結果も受け入られる、ある意味では、道家の考え方にもっとも合った人だといえる。

今日はとことん自分を解放して、飲みたいだけ飲むという日には、グラスをこんな風にもって、思うまま飲むといい。ただし、女性はこうした豪快な飲み方をすると、とんでもない女だと誤解されたり、異常に警戒されてしまうかもしれない。

「常にグラスをもちつづけている人は自己チュウの典型」

酒を飲まないときもグラスを手から放さない人、空になったグラスを、いつまでももて遊ぶように持っている人がいる。

こういう人は、自分だけの世界に没頭しがちな自己中心型の人間であることが多い。他人のことを気にしないというより、他人に関心の薄いタイプなのである。

反対に、どうしても相手に言いたいことがある日などは、グラスを手から放さないようにしていると、そのことに意識を集中しやすく、相手のペースに乱されにくい。仕事のつきあいで飲む酒など、自分を失わずに飲みつづけたいときにも、こうした飲み方をおすすめする。

第4章

行動パターンで人間性を判断する

【しゃべり方で順応性がわかる】
――口下手はプライドが高すぎる証拠だ

あるコンピュータソフトの設計者が、自分は口下手だからもてない、と嘆いていた。だが、私が話を聞いてみると、彼の話は理路整然としていて非常にわかりやすく、ムダのない話しぶりには好感がもてた。

「なぜ、キミは、自分が口下手だと思うのかね」

と聞いたところ、テレビのバラエティ番組に出てくる人気タレントのように、次から次へと人を笑わせるような話ができないからという。

最近の人の悩みは、テレビに出てくる人と自分を比較しての悩みであることがけっこう多い。だが、テレビに出て、おまけに人気バツグンの人は、人一倍すぐれたものをもっている上に、プロとしての訓練を受けている人たちなのだ。

あるお笑いタレントの日記を、テレビ番組情報誌で読んだことがあるが、オフの日は必ず事務所で、相方とコントのレッスンに明け暮れている。こうして、人を笑わせる絶妙な間やコミカルなやりとりのテクニックを磨きあげているのである。

この相談者の場合は、口下手だと思い込む基準を、そうしたタレントにおいていた。だから、まわりの人が笑いころげるような話し方が理想と思っているのである。あるいは、人が黙って耳を傾けてくれるような説得力に満ちた話し方、人が称賛してくれるような話し方を身につけ、まわりから注目を浴びたい気持ちでいっぱいなのだ。

人からほめられたい。人を感心させたい、という気持ちの底にあるのは、自分を認めてほしいというエゴ、我欲である。

道家では、「あるがままの自分」を素直に表わす生き方をすすめている。その生き方がいちばん自然で、いちばん楽だからだ。

話し方も同じである。自然でなめらかなリズムが相手の心に心地よく聞こえるためか、こうした話し方がいちばん相手の心に響くのである。

もし、本当に口下手だと思っているなら、自分の言いたいことを頭の中で整理しておき、それを自分の言葉で、わかりやすい順番で話せばいい。

最初から、「お話が上手ですね。感心しました」などというほめ言葉を期待するから、必死に美辞麗句を探すのだ。その結果、かえって口ごもったり、妙な間があいたり、たどたどしくなってしまうのである。

結婚式のスピーチなど、人前で話す場合も同様だ。「感動させるような名スピーチをしよう」と気張れば気張るほど、そうした思いでがんじがらめになり、立ち往生したりする。だが、こうして恥をかけば、次の機会には、しっかり準備して臨むようになり、少しはスピーチが上手になるだろう。

何であれ、最初からすばらしく上手だということはありえない。スピーチ上手な人に出会ったら、「あの人も、これまでたくさん恥をかいてきたのだろう」と思って、まず間違いない。

もし、あがり症のため頭に血がのぼってしまい、言葉が出てこなくなるようなら、自分の順番が近づいてきたころ、鼻から大きく息を吸い、小さく口を開いてそっと吐き出す……。これを何回かくり返すといい。

こうしている間に、「気」を十分に取り入れることができ、自分の内側の深いところから力が湧いてくる。この力が、あがり症をおさえてくれて、いつものペースで話せるようになる。

―立て板に水タイプは自信がない証拠

次から次へとよどみなく、「立て板に水」という形容詞そのままの話し方をする人がいる。こういう人を見ると、きっと優秀で信頼できる人だろうと思い込みがちだ。だが、こんな見せかけにだまされてはいけない。

人の話を聞く前からペラペラしゃべりはじめるような人は、たいてい話の内容が薄っぺらなことが多い。たぶん、そのことを自分でも何となくわかっているためだろうか、人に突っ込む余地を与えないように、しゃべりまくるのである。

野菜をいろいろな形に切るカッターなど、黒山の人だかりを作っているお客に、片端から買わせてしまうセールスマンを見かけることがある。見ていると、みごとなトークと手さばきで、それさえあれば料理の腕が一〇倍は上がるように思えるのだ。

後から考えると、名人セールスマンはひっきりなしにしゃべりまくり、こちらに何一つ、質問させなかったことがわかるだろう。「あ、そこの奥さん、きっとこんなもの買っても、年に一、二回しか使わないと思っているんじゃないですか？」などと、客が聞きたいことを先手を打って自分で質問して、自分で答えてしまうのだ。聞いている人は、自分のいいたいことを先取りしていってくれたと思い込み、つい、納得して買ってしまうのである。

「立て板に水」風に話しをする人は、このセールスマンみたいなものだ。無意識のうちに、少々あやしくても、薄っぺらなところがあっても、自分の論法に人を巻き込み、相手に口をはさませない話し方を展開しているわけである。

こういう人は、概して自分自身に自信がなく、内心では、人から攻撃されたり、反論されることを何よりも恐れている。あるいは、「他の人にも話したいことはあるだろう」と、他人を思いやることができない、自己中心的な性格の場合も多い。

ばかに調子がよくて顔色をつくろっているような人には、真情のある人間は少ないと思ったほうがいい。

内にこもった笑い方は、運が逃げてしまう

笑い方も人それぞれ。よく観察していると、笑い方とその人の運勢には、なんとなく傾向があることがわかる。

人間の笑い方は生まれつきのものではなく、子どものころに家族の笑い方から影響を受けたり、その人の性格などによって、スタイルが形づくられていくものだ。とくに性格と笑い方は関係が深いから、笑い方から性格を診断することができる。

最高の笑い方と考えられているのは、「ハハハハハ……」と明るく、高い声をあげて笑う人だ。こういう人はお腹の中に何もためず、オープンマインドで、人にも余計

な警戒心をもったりしない。

口先だけで「フフフフ」と笑う人は、どこかで他人を軽んじている。ちょっとイヤミなぐらい自信過剰なところがある。「ヒヒヒヒヒ」と高い声で笑うのも、人をバカにしているか、欲が深く、一度手に入れたものは絶対に放さないというタイプ。

笑いは、内にこもった「気」を放散させる手段でもあり、その意味からも、できるだけ大らかに、大きな声を立てて笑ったほうが運勢を強くできるのである。豪傑笑いといわれる「カンラカラカラ」という笑いが強い者の象徴といわれるのは、それなりの経験則によるものなのだ。

非常に優秀なのだが、なぜか運が悪い女性がいた。仕事でもかなり注目されかけたときに、仕事を中断しなければならないことが起こったりする。仕事にも運気があり、いったん、その運を逃してしまうと、次の運気がまわってくるまでにかなりの歳月がかかる場合が多い。

彼女は、周囲の人の羨望の的になるほどの恵まれた結婚をしたが、ご主人は難病にかかって、四十歳そこそこで、亡くなってしまった。子どももいなかったので、いまはネコ二匹と一緒に暮らしている。

この女性は笑い方が悪く、凶運を招いてしまっていたのである。けっして暗い性格ではなく、よく笑うことは笑うのだが、内にこもった笑い方で、大きく口を開けることもなければ声も出さない。彼女をあまり知らない人が見れば、笑ったのか笑わないのかわからない程度に、かすかに笑うだけ。つまり、内にこもった笑い方の典型的なタイプだった。

私のところに来た最初の日に、私はそれに気づき、まず笑い方を変えるようにアドバイスした。とにかく声を出して笑うこと。笑うときに下を向いたり、口許を手で隠したりしないこと。最初のうちは、口でいってもいいから、「ハハハハ……」と明るい声を立てるように、とすすめておいた。

彼女は昔気質のおばあちゃんに育てられ、小さいころに、「女の子が口を開き、声を出して笑うのは、はしたない」と言われていたらしい。それが原体験となって残ってしまい、声を立てて笑うという習慣がまるでなかった。

これでは、周囲から変な人、暗い人、薄気味わるい人……といった印象をもたれてしまっても仕方ないだろう。

しかし、とにかく教えられたように、毎朝、俳優の訓練のように、声を立てて笑う練習をくり返していると、一か月ほどで、心から明るい声で笑えるようになった。

その一年ほど後、彼女から思いがけない報告があった。声を出して笑えるようにな

って半年ぐらい後に、彼女の優秀さを見込んで、大きな仕事の手伝いが舞い込んできた。その仕事を通して知り合った男性にプロポーズされ、「この年で、再婚することになったんです」とにっこり、それこそ、満開の花のような笑顔を見せた。コロコロと明るい笑い声がともなっていたのはいうまでもない。

笑い方を変えただけで、これほどまでに運勢が開けるケースがあるのだ。

【ちょっとしたクセで知る、その人の内面】

——椅子にまっすぐ腰かけない人は人に警戒される

恋人同士なら別だが、ちょっとした知り合いとおしゃべりしたり、仕事の話をする時は、ふつうはテーブルをはさんだ席に向かい合って腰をかけるだろう。

このとき、まっすぐ相手の方を向かず、斜にかまえて座る人が意外と多いことに気づいているだろうか。

自分では意識していないのだろうが、こういう座り方をしていると、そのうち、周囲の人から〝敬して遠ざけられる〟存在になっていき、会社の帰りに仲間うちの飲み会をやろうというような場合に、黙ってはずされてしまったりする。

こういう座り方をする人は、大した話でもないのに、けっこう自慢げに話したり、人の話をろくに聞かないタイプが多く、だんだんに周囲から浮いてしまうのである。自分でもうすうす気づいていながら、「うまくごまかせた」と考えているのが見え見えになってしまい、客観的にみていると、滑稽でならないタイプだ。

なぜ、まっすぐ腰をかけないのか。その理由は、相手に目を見られるのを警戒しているとしか考えられない。自分の話は中身が乏しく、多少いかがわしいことを自覚しているため、それを見抜かれないように、常に警戒しているのだ。

道家の考え方を身につけている人は、けっしてこんな座り方はしない。あるがままを素直に出すのがいちばんだと知っているから、相手の目をまっすぐ見て話す。こうすれば、相手にも直線的に自分を見てもらえるので、ありのままを理解してもらえるのである。

人の耳は、左右に一つずつついている。左右の耳をフルに使って、人の話をよく聞こうとすれば、ちゃんと左右の耳が相手に向き合う位置に座らなくてはならないはずなのだ。

女性の中には、「ちょっと斜めに座ったほうが細く見える」と信じている人も少なくない。だが、それを知った上で斜めに座る人は、無意識のうちに、仕事の場に女性であることを持ち込んでいるわけで、結果的には信頼を失うことになるのである。

お見合いやデートの席では、少しでも美しく見られたい。では、斜めに座ったほうがいいのだろうか。答えはNOである。どんな場合にも、いや、結婚という人生最大の問題がかかっているからこそ、余計、気取りやごまかしなしで話をすべきである。姑息なこだわりを捨てて、ありのままの自分を見てもらう気持ちで見合いに望まなければ、せっかくの縁も幸せには結びつかない。

イスに浅く腰をかける人も、人生を軽々しくみなし、相手をなめた印象を与えがちだ。しっかりと背もたれの位置まで腰を入れ、まっすぐ背筋を伸ばし、相手の目を真正面から見つめる位置に座る習慣をつけたほうがいい。

――黒縁メガネは真面目を装っている人がかける

日本人はとくに目の悪い人が多く、メガネ国民だといわれている。最近は、コンタクトレンズの愛用者も増えているが、一年三六五日、どんな場合もコンタクトという人はまずいない。近眼や老眼の人は必ずメガネをもっていて、メガネと併用しているものだ。

ところで、メガネの選び方にも、その人の性格や仕事の能力が反映されていて、驚くほど人間性がわかる。

ようやく目がかくれる程度の、小さくて細めのメガネをかけている人は気取りの強いポーズ屋だ。男性、女性ともに、世間体が行動の基準になっていることが多い。

進学する学校を選ぶ場合も、自分が本当にその学校に行きたかったから選んだのではなく、世間で評判がいいからとか、エリートコースと直結しているからといった理由が多かったりする。

反対に、顔の三分の一はあるような大きなメガネをかけている人は、自意識過剰なのに、自分のありのままの姿をさらしたくないという見栄っ張りだ。根の深い劣等感にさいなまされているケースもある。

黒縁のメガネを選ぶ人は、一見、マジメそうに見えながら、内心では舌を出しているる二重人格者の面がある。だが、どこかに純粋なところが残っていて、悪者にはなりきれない。

金縁のメガネの人は、頭の中に電卓が入っているのではないかと思うほど勘定高く、けっして人に軽く見られないように、いつも突っ張っている。少しでも自分を軽んじる気配を察すると、耐えきれず、その集団から脱退してしまうことも稀ではない。オール・オア・ナッシングなのである。

サングラスは、「気」からいえば邪道である。太陽の光がさんさんとふり注ぐときには、それを体いっぱい受けるほうが「気」を満々と取り入れられるからだ。それを黒いレンズでさえぎってしまうと、「気」を取り入れる妨げになる。さらに、サングラスのため、「邪気」が天に抜けていかず、運勢が下降線を描くようになってしまうのだ。きっと思い当たる人も少なくないはずである。

環境破壊で、オゾン層にポッカリと大きな穴があいてしまう時代である。太陽光線が強すぎるときには、目の健康のためにサングラスは欠かせないかもしれない。だが、天気の悪い日や冬場にもサングラスをかけている人がいるのはなぜだろう。わざわざ、自分の運勢を下降させたいのだろうか。

実のところ、メガネそのものにも天の「気」をさえぎる働きがある。目が悪く、メガネを手放せない人は、朝起きてすぐメガネをかけずに、空を見上げ、胸いっぱいに十分に新鮮な大気を吸い込む習慣をつけるようにすすめたい。

こんな小さなことでも、毎日積み重ねると強い運気を心身にためる効果があり、気がつくと運勢が好転していることが少なくない。「気」とは、どこまでも不思議なものなのである。

――すぐに電話、手紙を出す人は不誠実な証拠

昔から、便りがないのは無事の知らせ、という。だが、デートから帰ってすぐに「いま、帰った。ウン、楽しかった……」と電話を入れるような人もいる。また、アポイントをとって、約束の時間や場所はわかりきっているのに、「明日、よろしく」と電話を入れる人や、それほど必要でない手紙をしょっちゅう出す人、あるいは最近なら、電子メールを、一日に何回も出すような人も少なくない。

筆マメ、電話マメな人は誠実だと見られがちだが、それはとんでもない思い違いである。もし、あなたが連絡魔なら、すぐに改めたほうがいい。

こういう人を頻信癖のある人といい、社会では、要注意人物とされているのだ。なぜなら、こういう人の中には、本来やらなければならないことをやらなくて、それをなんとかごまかすために、頻繁に連絡をとるケースが多いからだ。

そば屋の出前の言い訳をご存じだろうか。催促の電話がかかってくると、「あ、いま、つくっているところです」「あ、いま出ようとしているところです」「あ、いま、出たところです」……などと言う。いずれも、その注文の品にはまだとりかかってい

ない場合の言い訳だ。こう言っておけば、とりあえずその場はなんとかしのげる……。頻信癖のある人の心理は、このそば屋と同じなのである。

とくに電話やメールをしょっちゅう送ってくる人には、気をつけたほうがいい。ある若い男性が、こんな目にあった。

ふとしたきっかけで知り合い、ときどきデートをするようになった彼女から、毎日のように電話が入る。それもごく短い電話で、「あ、ちょっと声が聞きたかったの」と、まるでテレビドラマの受け売りみたいなことをいう。

それでも、彼のほうは、「彼女はオレのこと、好きなのかもしれない」と舞い上がり、私に、プロポーズしたいと思っていますと相談をもちかけてきた。

私は、彼女は彼を本命視していないと直感した。本命の彼なら、信じ合い愛し合った者同士、それほど電話をしなくても安心していられるはずなのだ。

ちょっと酷だったかもしれないが、私は彼に、「彼女にほかに男がいないかどうか、調べたほうがいい」と忠告した。

それから半月ぐらいして、彼がさっぱりした顔をしてやってきた。やはり、彼女には本命の彼がいて、知人は〝キープくん〟という、本命の彼との仲がダメになった場合の「控え」だったというのだ。控えの彼に嫌われてしまっては、もう後がない。そこで彼女は、あまり時間のとられない電話を頻繁にして、本命の彼とのデートに時間を使っていたことがわかったのだ。

「先生のおかげで、バカにされていた自分に気づきました。ふられたショックなんてありません。あんな女、こっちからふってやりましたから」

今度は絶対に、もっといい彼女を見つけてみせる。そう、断言する彼の表情は明るく、前向きの勢いに満ちていた。

ひっきりなしに手紙や電話をかけていないと不安だという場合は、相手に嫌われたら大変だという心理が底にあることが多い。こんな人間関係を追いかけても、何の意味もない。本当に求めあう間柄なら、必要な連絡を必要な時に取り合うだけで十分なはずなのだ。

【タバコは動く性格判定基準】

──無意識のしぐさに注意

最近はタバコを吸う人のほうが肩身がせまい時代だ。だが、道家では、タバコを吸いたい人は吸えばいいいし、吸わなくてもいい人は無理して吸う必要はないと考える。

タバコは健康に悪い？　もし、それを言うなら、タバコ以上に健康に悪いものは数えきれないほどある。働きすぎれば健康をこわす。タバコの吸いすぎが健康によくないと言うなら、同じ論理で言うと、仕事も「健康によくないので、できるだけやめなさい」ということになるではないか。

さて、タバコを吸うスタイルやタバコを扱う手つきなどから、性格判断ができる。これは前にも話したことだが、もっと詳しく知りたいという人が多いので、以下、タバコの吸い方で人柄を判断する方法を教えてみよう。

逆にいえば、自分がタバコを吸うとき、無意識のうちにこんなしぐさをしていないか、かえりみるといい。思いあたるところがあったら要注意。他の人の目には、あなたはそういう人に映っていることになる。とくに欠点につながりやすいクセは、できるだけ早く直しておこう。

「タバコを三本指でもつ人は自己中心主義」

親指、人指し指、中指の三本の指でタバコをもつ人は、頭もきれれば仕事もよくできる。だが、それだけに、自分の評価が気になってしかたがないタイプ。自分が認められて当然という態度が見え見えで、タバコの吸い方にもそれが現われているといえる。

表面的にはブランドづくめの派手な装いをしているが、内実はローンで首がまわらない場合も多い。とにかく、いつも自分が中心でないと気がすまず、自己中心主義の最たる人間である。

「タバコを利き手の反対側の手でもつ人は意外な大物」

タバコは普通、利き手にもって吸う。だが、なかには利き手の反対側でタバコをもって、ゆったりと、おいしそうに吸う人もいる。

こういう人は、一見、鈍そうに見せているが、実はとても優秀な人間であることが多い。忠臣蔵の大石蔵之助は「昼行灯」とあだ名されたほどの役立たず家老といわれていたが、ことがあった場合にはみごとな功績をたて、後世に名を残している。江戸時代にタバコがあったら、蔵之助はおそらく、そうやってタバコをもっていたに違いない。

だからといって、無理に利き手と反対にタバコをもっても、急に大物になれるはずはないが、無意識のうちに、利き手と反対でタバコをもっているなら、自分の将来に大いに期待をもっていい。

「ちょっと吸っては、すぐに灰を落とす人は融通がきかない」

約束をきちんと守り、言われたこと、決めたことはその通りにする。こういうと、まったく問題のない人だと思われがちだが、反面、神経質で融通がきかず、なんでも完璧でないと気がすまないところから、人にも完璧を求めがちだ。

そのため、しょっちゅうイライラしており、他人にも容赦がない。本人も、つきあう人も楽しくなく、人間関係もギスギスしやすい。

「灰皿に水を入れるクセのある人は落差が大きい」

一見、完璧主義のようだが、その一方で、めっぽう要領のいいところがあり、誠実なのか不誠実なのか、よくわからない。わがままなようで情にもろく、自己中心的なようで、相手のことを受け入れる寛容さをもっているというように、矛盾した要素を共存させているタイプ。

どちらの要素が強く出るかによって、うまくいくときと、まったく失敗するときの落差が大きいようだ。

「消したタバコを灰皿にきれいに並べる人はイライラしがち」

几帳面で清潔好き、ものごとをいいかげんにできない……。一般には長所と思われがちだが、本人にしてみれば、快適でも楽しいわけでもない。ただ、そうしないと気がすまないだけなのだ。

タバコを並べた後も、やはり長さの順に並べようとか、いや、ランダムなほうが自然ではないか、などと並べ替えたりする。それだけストレスがかさみ、本人もイライラした思いをもてあましている。

第１章で「行動を変えれば、性格も変わる」と書いたように、タバコを並べるクセをやめるように努力した結果、しだいにイライラしがちな性格が押さえられてくることが多いのである。

「かなり長くなってから灰を落とす人は欲深い」

本質的にはケチで欲が深い。細部に気がつかない性格のため、仕事でもミスを連発しやすい。まず、タバコの灰に気をつけることから性格改造をはじめるといい。

「火先を灰皿に押しつけて消す人は芯が強い」

たかだかタバコの火を消すのに、まるで息の根をとめようとしているかのようにグイグイと火を灰皿に押しつける人がいる。こういう人は、一度思い込んだら命がけ、といった芯の強いところがある。なんでもきっちりと線引きをして、けじめをつける。

その一方で、清濁合わせ飲むことができず、あまりに規則どおり、契約どおりにコトを進めようとして、周囲とぶつかってばかりいる。人間社会とは、必ずしも、規則どおりにはいかないものとわきまえて、もっと大人になれば大成できる。

「火先を折る人は二重人格」

灰皿に押しつけた後、火先を折って火を消す人がいる。こういう人は建前と本音がまったく別で、時と場所によって、二重人格のように言動が変わる。火先を折るのは、落ち着きのなさを悟られないためのカモフラージュ行動だといえる。

もし、自分にこういうクセがあったら、人の目には、言動が一致しない、信用できない人に映っていることがあるので、注意したほうがいい。

「タバコのフィルターをベタベタに濡らして吸う人は幼児性格」

タバコにかぎらず、口に入れるものを必要以上に唇で濡らすクセのある人は、まだ幼児性が抜けきれていない証拠。精神的に乳離れできていないのである。指をしゃぶったり、ペンの先を口に入れたりするのもまったく同じ行動だ。

女性では、ロングヘアーの先を口に入れるクセがある人がいる。こういう人は、自分で自分を、精神的にはまだ子供です！　と宣言しているようなものだ。

箸の持ち方でわかる出世度

お見合いをする女性には、和食の席を選ぶようにすすめている。なぜなら、箸の持ち方で、その人の将来性をかなり正確に言い当てることができるからだ。箸を使えばいいなら中華料理でもいいではないか、と言われそうだが、中華料理の箸の持ち方と日本料理の箸の持ち方では微妙に異なる。やはり、和食にかぎるようだ。

まず、箸を正しくもてない人。こういう人は言語道断、言葉にもならない、というとちょっと大げさだが、きちんとしたしつけを受けていないばかりか、おそらく、それまで何回も注意をされているだろうに、人の言葉を素直に受け入れる心の柔らかさがないと考えられる。

正しい箸の持ち方は、二本の箸の間に中指をわずかに入れ、人指し指と中指で一本の箸を自在に動かす。こうして食べ物を二つに割るというような、ちょっと力のいる作業から、豆粒をつかむなどの細かな作業までをこなすのである。

箸を持つ手の位置も性格を知る判断基準になる。箸の真ん中あたりを持つ人はスケールが小さく、いまのままでは社会的な大成功は望めない。また、さまざまなことに見識が乏しいため、自信をもっていないことが多い。

箸の上部を持つ人は自分の主張に自信があり、いつも堂々としている人が多い。また、高く大きな理想を持っているので、その理想に向かって突き進んでいけば、いつかは大きな仕事をして認められる可能性に満ちている。

箸の長さにもよるが、箸全体を四つに分けて、上から二番目ぐらいの部分を持つのがのぞましい。最上端をつまむようにもつ人はかえって余裕がなく、天上天下唯我独尊。他人に配慮せず、ひたすらわが道をいく人が多い。芸術家ならこれでもいいが、組織やチームプレイを求められる仕事の場合は、周囲の人と摩擦が起こり、仕事そのものよりも人間関係で失敗しがちだ。

「道家は、物事にこだわらないようにと教えているのではないのか。これでは、まさに箸の上げ下げに文句を言うことになる」と言われそうだが、そうではない。正しく箸を持つと、それだけ箸を使いやすくなるのである。箸の場合も、それがもっとも箸を動かしやすく、人から見ても、きれいに見える持ち方なのだ。

このように、道理にあった方法は柔軟に受け入れる。これも、道家の教えの大きな要素を成している。

【しぐさでわかる性格、行動特徴】

——ほおづえをつく人はせっかちで怒りっぽい

人と話をするとき、ほおづえをついたり、やたらにほおのあたりをいじり回すクセの人がいる。人によっては、あごの輪郭やその下を軽く指圧するようにする。こういうクセは、もちろん当人は気づいていないが、知らず知らずに唾液の分泌を促しているので、つまりは、唾液の分泌が悪いことを示すクセといえる。

道家の教えでは、唾液を「清津《せいづ》」と呼んで、とても重要なものとみなしている。唾液は生命の源泉ともいうべきもので、生命の維持に大きな役割を占めているからだ。

まず、食べ物の消化を助ける働きがある。最近は、よくかまずに食べたり、かまなくてもいいような柔らかいものしか食べない子どもが増えている。それだと、かまない→唾液の分泌が悪い→生命力が弱いという連環が出来上がってしまう。

また、唾液には殺菌効果もある。昔の話ばかりするようだが、昔の母親は、子どもがかすり傷を負うと、指先にツバをつけて傷口に塗り、「痛いの、痛いの、飛んでいけ」などとおまじないを唱えてやったものだ。軽いケガなら、これで十分に回復した。イヌやネコなどの動物は、傷は自分でなめて、つまり、自分の唾液で治してしまう。天は、生物には自然治癒力に加えて、体内に殺菌効果のあるものを与え、ケガや病気に対応できる力を備えさせたのである。また、唾液に含まれるバロチンという消化酵素は、老化防止に役立つことがわかってきている。

ほおづえをつくクセの人、あごのあたりをやたらにいじるクセの人は、唾液の分泌不足とみなして間違いない。あごのつけ根、骨に沿って内側に指の幅一つ入ったあたりをやや強めに押すと、口中に唾液が出てくるのが自分でもわかる。ほかに耳の下、舌の下にも、唾液の分泌腺があるが、ここを押すと唾液が湧いてくる。

ほおづえをついたり、あごの下をいじるクセの人は、無意識のうちに、このツボを押して、唾液の分泌を促しているわけだ。逆にいえば、ほおづえをつく人は唾液の分

泌が悪く、生命力が乏しい傾向といえる。

性格的にはせっかちで、イライラと怒りっぽい傾向が見られる。十分に時間をかけて噛めば、唾液も十分に分泌してくるものだ。だが、一口二口かんで食べ物を飲み込んでしまうといったせっかちな性格では、唾液が十分に分泌しないのもあたりまえだ。

自分にこんなクセがあるのに気づいたら、まず、それをやめるように努め、口にものを入れたら、できるだけかみつづけるように練習してみよう。

昔の人は、米は八八回かむと教えたものだ。一度、試しに自分が何回ぐらいかんでいるか、確かめてみてほしい。きっと、一〇回もかんでいない人が大半だと思う。

食事は、毎日三度三度とるものだ。そのたびにゆっくり時間をかける習慣をつければ、だんだん気長になっていき、物事の決着がつくまで余裕をもって見守れるようになる。そのうちに気がつくと、ほおづえをつくクセは、すっかりなくなっているはずである。

——話すとき、派手に手を動かす人は要注意

話をするとき、まるで外国人のように、身ぶり手ぶりが大げさで派手な人がいる。

反対に、ほとんど身動き一つなく、手を前においたり、組んだりしたままで話しつづける人もいる。あなたは、どちらのタイプだろうか。「自分ではよくわからない」という人は、会合などのビデオ録画を見ると、一目瞭然だ。

話をするときの体の動き、手の動きは、その人の内面をおそろしいほどまでに表現している。つまり、内面を表に出さないようにしているつもりでも、どうしても、どこかに出てしまう。それが身ぶり手ぶりになるのである。

大した話でもないのに、踊りを踊っているのかと思うほど、派手な身ぶり手ぶりをつける人は、自己顕示欲が人の十倍ぐらい強い。身ぶり手ぶりで、自分の存在を認めてほしい、自分を評価してほしいと訴えているのである。もともと優秀だったり、美人だったして、子どものころからほめられることに慣れていて、いつもほめられないと不安になってしまうという、困った精神構造の持ち主も多い。

派手な手の動き、体の動きは、他人の視線を自分に集中させたいという願望が潜んでいる。それでも、その人の存在に目を止め、十分に注目しないと、今度は大きな声で話し出したり、場違いな笑い声をたてたりすることもある。

こうしたタイプの女性はとかく派手好きで、収入に関係なく、高価な服や宝石が欲しくなってしまいやすい。こうなると歯止めがきかず、昼間の仕事のほかに夜の仕事を始めたり、夫に内緒でクラブ勤めを始めたりして、自分の欲求を満たそうとすることもある。

自己顕示欲が強いということは、道家の考え方でいえば、我執が強いことだ。これまでくり返し話してきたように、我執が強いと「気」の流れが滞り、うまくいくべきものもうまくいかなくなってしまう。

まず、がんじがらめの我執から、自分を解き放つようにしなければならない。

自分はどんな風に扱われても自分なのだ。他人が注目しようがしまいが、自分であることに変わりはない。人はどうあれ、わが道をマイペースでいく。こうした道家の考え方が身に備わっていれば、大げさな話しぶりはいつしか影を潜めていくはずだ。

自己顕示欲が強いという自覚症状があるなら、話をするときには、できるだけ身ぶり手ぶりを控えめにすることだ。三か月くらいで、目にあまるような派手さは収まり、半年もすれば、ごく普通の身ぶり手ぶりが身についてくるものだ。

そのころには、内面にあった我執もなくなっている。ここまでくれば、他人から信頼の目で見られるようになるのも時間の問題だ。

―控えめな話しぶりは自信喪失の場合もある

反対に直立不動、座っている場合なら手をきちんと前において、あるいは腕を組んだまま微動もしないで話す人もいる。こういう人なら信頼がおけるかというと、一概にそうもいえないのだから、人間はつくづくむずかしい。

こうした話し方をする人は、大きく二つのタイプに分けられる。一つはその行動どおり、控えめで慎ましく、真面目で誠実な人だという場合だ。

もう一つは、自信がなく、できれば人の注目を浴びるのを避けたいという一心で固まってしまっている場合、あるいは緊張感が強く、そのために精神ばかりか体まで硬直している場合である。

二つの区別はよく見ていれば、はっきり見分けがつく。誠実な場合は、ここぞというときにはちゃんと必要十分なしぐさがともなっているから。ここぞというときとは、何かを強調したい場合、寸法や大きさを示す場合、話を盛り上げたい場合などである。

ところが、自信がなかったり、小心な場合は、皮肉なことに、ここぞというときほど、しぐさが伴わない。

こうした人は、話し方もどぎまぎしたり、口ごもったりして、はっきりしないことが多く、とくに話が具体的でないという特徴がある。そして、具体的なことを質問すると、それに答えられないことが多いから、「ああ、自信がないんだな」と、すぐにバレてしまうのである。

もし、こうした欠点があると自覚しているなら、欠点は克服できたのと同じだ。道家では、内容がないことを話してはいけないなどとは教えていない。

もし、内容がまだ煮詰まっていないのなら、具体的なことを聞かれた場合も、「えーと……、それはですねぇ……」と言い逃れよう、誤魔化そうと考えずに、「まだ、そこまで考えてはおりませんが、いずれ、はっきりしたらお話しします」と明確に答えればいいのである。

つまり、道家では、絶対に無理をしたり、背伸びするべきではないといっているのだ。背伸びをすれば、いつかはカカトを下ろすのだから、必ず、誤魔化したことがわかってしまうのだ。ウソをつくのはもっといけない。ありのまま、わからないことは「わからない」と答えれば、それでいい。あるいは、わかっていることだけを率直に話せば、それがいちばん、感じのいい話し方になるのである。

そうした話し方にはごく自然に、必要なしぐさがともなってくるはずだ。このしぐさが結局、もっともその人らしさを相手に印象づけ、好印象を与えるわけである。

【指の動きで心の内側がわかる】

指を口にもってくるクセは強欲を表わす

女性に多いしぐさだが、口元に指を当てたり、指先を軽くかむクセの持ち主がいる。こんな人は人一倍欲が深く、とくに人が持っているものが欲しくてたまらない傾向がある。

友達に彼氏を紹介したところ、なんと彼をとられてしまったと、A子という若いOLが相談にやってきた。彼をとったという友達というのは、何かというと人指し指を口元にもってくるクセが印象的で、私は前々から「あぶない女性だな」と思っていた。人と同じことを自分もやりたくなる人だからである。

A子がパリに旅行するというと、自分もすぐにパリツアーに参加するし、A子がパソコンをはじめれば、その友達もパソコンスクールに通い出すという具合だった。A子が道家に興味をもち、私のところに通い出してから見違えるほど明るい表情になり、もてるようになると、さっそく私のところに顔を出すようになった。

だが、友達のほうは、自分から私のところにやってきたわけではない。A子がやっていることはなんでも真似をして、自分もA子のようになりたいだけなのである。だから、道場通いも長くはつづかず、二、三度やってきただけで、姿を見せなくなってしまった。

そのうち彼女は、A子の彼まで欲しくなったのである。そして、A子の彼は、積極的にアプローチしてきた彼女にあっさりなびいてしまったらしい。

しかし、そんな程度の女性にひかれるようなら、大した男性ではない。私はA子にそう言ってやった。

いまも話したように、A子は道家の修行をはじめてから、見違えるほど表情が明るくなり、そのせいもあって、最近は彼女に好意をもつ男性が増えている。もっと素晴らしい恋人ができるのは、時間の問題だと確信している。

顔に手をやるクセは、物事を否定的にとる性格

知人に、話の最中に鼻をかいたり、小鼻をおさえたりするクセの持ち主がいる。小鼻が大きく張っていて、たしかに女性の美しさという面ではややマイナスだ。だが、

小鼻が張っている人は強い運をもっていて、とくに仕事運は最高。将来はきっとキャリアウーマンとして大成するに違いない。

だが彼女は、仕事運よりも、小鼻の張っているのが美しさの妨げになるのではないかと、そのほうが気になるらしい。つまり、彼女は物事を否定的な面からとらえ、その考えにこだわってしまう性格なのである。

こうした考え方をしている以上、せっかくの強運を存分に発揮できないどころか、運はだんだんに下降していってしまう。

彼女の例からもわかるように、顔の特定の部分にしょっちゅう手をやるクセは、その人がその部分にこだわりをもっているということ、つまり、「その部分が自分の欠点だ」と思い込んでいる場合が多い。そうした人は概してマイナス思考に走りやすく、運気もどんどんマイナスに移行してしまうのである。

もし、自分にそういうクセがあると気づいたら、最初のうちは、話をするときには手を組むなど、できるだけ、顔に手をやるチャンスがないようにするといい。こうしたことを重ねているうちに、顔に手をやるクセは影を潜めていく。そうなれば、欠点に対するこだわりも、しだいに抜けていくはずである。

「顔だちを気にするな」といっても、これは無理だろう。顔は人の目にいちばん最初に飛び込むもので、人間は顔だちについてのこだわりは大きい。だが、美醜以上に、感じのいい顔かどうかのほうが、人の印象に強く残るものなのだ。

鼻が大きかろうが、目が小さかろうが、明るく生き生きした表情の持ち主のほうがずっと強い運を招きよせるものだ。ここが、欠点だと思い込み、気にしている間は、その欠点だと思う部分から運が逃げていってしまうことを知っておこう。

──あごに手を当てるのは打算のしるし

顔の一部に手を当てるクセの中でも、もっとも注意したいのは、あごに手をやるクセである。とくに、親指と人指し指であごをつかむクセの持ち主に出会ったら要注意だ。

こういう人は、人一倍お金に対する関心が強く、人間関係においても打算が先に立つので、なかなか信頼関係が築けない。人におごる場合も、どんな見返りがあるか、ちゃんとモトがとれるか、その確証がなければ、絶対におごろうとしないタイプである。

だが、人間関係は、1＋1＝2というものでない。また、人におごったりモノをあげたりする場合は、見返りを求める気持ちよりも、その人のためにいいことをする機会に恵まれたと、むしろ大いに感謝するぐらいの気持ちでいたほうがいい。何の見返りも求めない、無償の行為でかまわないではないか。

インドの極貧階級の救済のために一生を捧げたのがマザー・テレサだったが、彼女の行為は、無償の行為だったからこそ、人類に永遠に語りつづけられるものとなったのである。

私は、「人に施しをせよ」と押しつけたりはしない。だが、今日一日、十分な食べ物、着るもの、住むところを与えられたことに満足を感じる気持ちになれば、自然にその満足感を誰かと分け合いたくなるものである。その自然な気持ちを大切にするように、と教えている。

また、恩を受けた場合も「受けた恩は必ず、返さなければならない」などと考える必要はない。恩は受けっぱなしでいいのである。

私がこういうと、なんて礼儀知らずの考え方を教える人だろうと、目を丸くして驚かれてしまうことがあるが、間違ってはいけない。「恩には十分感謝しなければならない」のだ。だが、受けた恩を返そうという思いの中には、恩を返してしまえば、おたがいにチャラになる、という考えが潜んでいるのではないだろうか。

そうではない。受けた恩は一生、感謝しなければならないのだ。そのうえで、今度は自分ができる方法で、本当に助けを求めている人に、自分ができる範囲のことをすればいいのである。

恩も金も天のまわりものだ。めぐりめぐって、誰かのものになっていく。それが自然の摂理であり、人はそれに従って生きるのがいちばんいい。

【歩き方で出世度がわかる】

——腰を振って歩くのは内臓が悪く、寿命が短い

映画やテレビに出てくるタレントを見ていると、セクシーな魅力で男性をとりこにしている人がいる。腰を振りながら歩く姿が色っぽいと、人気が高いようだ。

タレントやモデルでなくても、腰を左右に大きく振る歩き方の人は多い。バストが大きく、ウエストがキュッとしまったハチのようなボディをしていると、その体をゆらゆらさせながら歩くので、なんとも色っぽい印象を与えるのだが、一般には、体を左右に大きく動かす歩き方の場合、どこか内臓に病気があることが多い。

脊椎の中央には神経が通っている。この神経は脊椎から、それぞれの内臓に至る神

経へと分かれていく。体が左右にゆれる歩き方は、この神経系統のバランスが崩れていることを示すもので、結果的には、バランスを崩した部分に該当する内臓が健康でないことを示している。

ある日、私の知人の一人が、腰を左にひねり上げるような歩き方をしているのに気がついた。私がそれを指摘すると、「そういえば、このところ食欲がない」と言い出し、さっそく病院で精密検査を受けたところ、大腸にポリープが一〇個もできていることがわかった。

内視鏡の先にメスをつけてポリープの切片を切り取ると、ポリープは悪性に転化する直前だった。もう少し発見が遅かったら、確実にガン化していたそうだ。

このケースのように、それまで腰を振っていたわけではないのに、ある時から腰を振るようになった場合は、とくに要注意だ。

だが、ちょっと腰を振る程度の段階なら、歩き方を変えるだけで神経の流れをスムーズに整えることができ、内臓の異常も調整できる。

歩き方のクセを自分で知るのは、あんがいむずかしい。鏡の効果があるショーウインドウの前を通り過ぎた時などに、素早く、歩き方をチェックしてみよう。真後ろから見たほど正確にはわかりにくいだろうが、横から見れば、腰の振れ方で、だいたいの見当はつくと思う。

男の出世運は歩き方に表われる

職場に、新しい上司がやってきたとしよう。そんな場合は、まず、その上司の歩き方に注目したい。歩き方は、その人の内面の力を物語っている。そして、その上司の将来の姿を示していることが多いのである。

弟子の一人が、「いやぁ、今度の上司は歌舞伎の女形のような歩き方をするんですよ」と言っていた。陰で皆で笑っているというので、「とんでもない、その上司はきっと将来は大出世する」と言っておいた。

一般には、胸を張って、大股で堂々と歩く人こそ、出世街道を驀進するタイプだと思われがちだ。が、こういう人は、内面の不安や自信がない点を歩き方でカバーしたり、カモフラージュしようとしていることが多く、ノミのようにちっぽけな度胸の持ちだったりする。また、他人にどう見られているか、気になって仕方がないところもある。

このように、人の目ばかり気にしている人は、最終的には成功とは遠い人生に終わってしまうことが少なくない。

もちろん、社会は人と人とのつながりに支えられて構成されているもので、何もかも自分の思い通りに進むわけではない。だが、そうした中でも、「他人は他人、自分は自分の道をいく」という人のほうが、結果的には人の心をとらえ、仕事運も開けていくものである。

女形のような歩き方をするのは、人の目にどう映るかということを気にせず、自分に一番合った歩き方をごく自然にしているのだと思う。こういう人は、若いときにはそれほど注目されないため、ライバル視されないが、ダークホースのように、中年からは、あれよあれよと出世街道を進んでいくことがよくある。

何人かで連れだって歩くときの歩き方にも、その人の人柄が如実に現われるものだ。人よりペースが早く、常に人の先頭に立って歩く人は、見た目とは正反対に、リーダーにはもっとも向かない人である。「自分のペースこそ一番だ」という思い込みが強く、自己主張型。つまり我執が強いのである。

隊列のいちばん最後について、もっともペースの遅い人に合わせ、その人が遅れないようにさりげなく気をつかって歩く。こんな人こそ、リーダーとしてふさわしく、結果的には大きな仕事の推進役に選ばれることが多い。社会というのは、あんがいに公平なものなのだ。

いつでも真ん中あたりにいて、先頭をきるのでもなければ、大きく遅れることもない。こういう人は、一見、要領がよく、そこそこの出世を遂げそうだが、自分らしさがなく、集団の中では存在感が薄い。どうでもいい人間であるようにみなされることが多い。

こうした人間は、結局は人の評価の対象にもならず、出世は遠い夢。大きなミスをしないだけが取り柄という人生で終わってしまう典型的なタイプといえる。

また、女性に多いのだが、道幅をふさいでも、おかまいなしに横に並んで歩く人がいる。だが、よく見ると、こうした中にもリーダーはちゃんと存在し、一人で仕切っている人がいるようだ。

こうした女性は、小さな組織ではそこそこ認められ、出世することが多い。だが、しょせん、そのあたり止まりで、もっと大きな組織に入ると力不足が露呈してしまう本人も萎縮してしまうのか、そこから先は伸び悩み、小さくまとまった人生を送ることになりがちだ。

右にいったり、左に寄っていったり、ジグザグと進んだかと思うと、突然、立ち止まる。こんな歩き方をする人は、集団では絶対に頭角を現わせない。芸術家のように、一匹狼でやれる仕事ならともかく、サラリーマンには向かないタイプである。

こんな歩き方をする人は、いくらまっすぐ歩こうとしても、ふと気がつくと、また右へいったり、左へいったりとジグザグ歩いていることが多い。気ままで、ルールに従うことが不得意な人なのだ。

そうした人は、いま、サラリーマンをやっているなら、このまま一生、サラリーマンで通すかどうか、本気で考え直したほうがいい。

――身は重く、足取り軽く歩く人は大器の証拠

歩き方の特徴を動物になぞらえて、その人の器量の大きさを判断する方法がある。

虎のように歩く「虎行」は、理想の歩き方といわれ、心身ともに充実していることを周囲に示す歩き方といえる。また、「虎行」ができるよう努力していると、だんだんに気力がこみあげるように満ちてくるのを実感できる。人間は二足歩行を身につけた最初の猿人で、毎日の歩き方は、その人の心身に大きな影響を与えるのである。

「虎行」とは、気持ちをゆったりもち、腰とカカトに力を入れて、足取りは軽く、身をゆっくりと運ぶ歩き方だ。目を見開き、体にはしゃんと力が入っているが、しかし、

やわらかい。こうした歩き方なら、突然の攻撃もとっさにかわすことができ、身を守りやすく攻撃に移りやすい、理想の歩き方であることがわかる。

これとは反対に、「雀行」といって、一歩足を進めるたびに、ヒョコヒョコと体がはね上がるような歩き方をする人は、「才あって智足らず」というタイプ。つまり、頭がいいようでいて、本当の智恵者ではないことが多い。そのため、本人は自信満々なのだが、仕事も結婚生活など個人の人生もたいていうまくいかない。何ごとも才に走りすぎてしまうのである。

極端にいえば、人間は才などどうでもいいのである。もっと大事なのは真情である。それを知っている人を智者というのだ。

また、「蛇行」という、腰が左右に振れたり、まっすぐ歩いているようでフラフラとよたっているような歩き方をする人は、一見、いい人そうに見える。しかし、本心では下なめずりしているような狡猾なところがあり、用心深くつきあったほうがいい。こんな人には人がついてこず、最後は孤独な寂しい人生になってしまう。

何事も一人でできる範囲は知れている。ところが「蛇行」する人は協力者を得られず、仕事にしても途中で投げ出してしまったり、最後は失格者の烙印を押されてしまうことも多い。

歩き方を直すスワイソウ

歩き方が不安定で、左右に揺れるクセがある人は、「気」の健康術の一つのスワイソウをやると、体の動きにぴったり合わせた呼吸法を体得でき、しだいに気力が充実し、全身の血の流れがスムーズになる。

スワイソウの本当の目的は、手を振るという動作を通じて、さまざまなことに対するこだわりや気掛かりを捨てているのである。一見したところ、実に単純で簡単な方法のようだが、毎日、くり返しやっているうちに、しだいに心身が充実してくることは、長い道家の歴史が証明している。

◉スワイソウのやり方◉

①上半身と両足をまっすぐにして立ち、両足を肩幅ぐらいに開く。この姿勢で、腰からひざまでまっすぐにのばし、足の指に少し力を入れて、すっくと力強く立つ。

②その姿勢のまま、両手を前後に振る。後ろに振るときはやや力を入れ、前に振るときは力を入れないで、後ろから振ってきた力の反動を生かして自然に返す。両手は

まっすぐ伸ばし、ひじを曲げないようにする。首を伸ばして、目を前に向け、雑念が生まれないように、心の中で数を数える。

こうして手を振りつづけるのだが、最初のうちは多少疲れるので、二、三百回ぐらいで十分。しだいに慣れてきたら、疲れを覚えるまで振りつづける。二千回ぐらい振っても、時間は三〇分ほどである。

●このとき、「上三下七」と呼ばれる「気」の理にかなった力加減で振りつづけるようにする。これが、上半身の邪気をのぞき、下半身から全身へ、気血を盛んに循環させる秘訣なのだ。「上七下三」のポイントを紹介しておこう。

●上半身の力を抜き、肩に力を入れず、ごく自然に両手を振るようにする。重心を下半身におく。重心を下げるためには、できれば、はだしで、足の裏を地にしっかりつけるといい。

●頭は、空中に吊るされているような気持ちになり、できるだけ全身の力をだらんと抜く。こうすると自然に肩の力が抜け、自然で楽な姿勢になる。

●口はかみしめず、筋肉をゆるめたほうがいい。といって、ポカンと口を開ければいいということではなく、不必要、不自然な力を入れないということである。

●胸の中に去来するさまざまな思いはいっさい考えないことにし、上半身を〝虚〟の

◆スワイソウのやり方◆

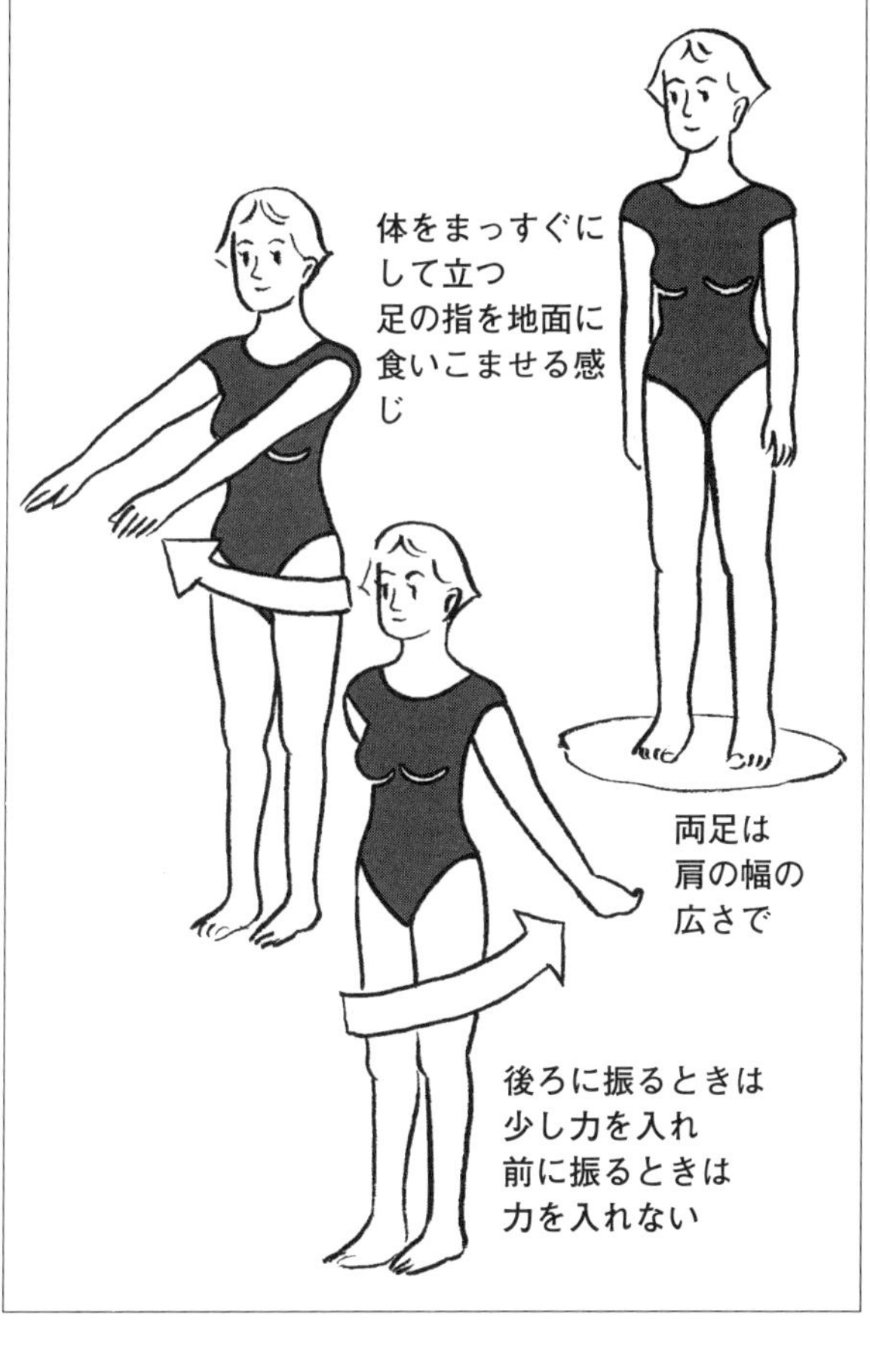
体をまっすぐに
して立つ
足の指を地面に
食いこませる感
じ
両足は
肩の幅の
広さで
後ろに振るときは
少し力を入れ
前に振るときは
力を入れない

状態にする。
●運動の軸は腰におく。
●ひじは高くあげすぎないようにする。
●腕を振り捨てるような感じで、大きく前後に腕を振る。
●両手を振るときは手をボートのオールのようにして、空気をこぐ気持ちで行う。
●臍下一〇センチほど奥にあるといわれる「臍下丹田《せいかたんでん》」に意識を集中するようにして、やや力を入れる。
●立っているとき、内ももが力まないようにする。
●かかとに重石がついているような気持ちになって、かかとを地につける。
●足指の爪を地面に食い込ませるような気持ちで立つ。
●手を振るときは手の甲を上にして振る。

第5章

クセを直して、無為自然な生き方を体得する

【クセと体調の関係】

──クセは不自然さの表われ

これまで話してきたことでわかったように、クセには必ず原因がある。なにげなくとか、知らず知らずついたクセなどというけれど、それはただ、自分では意識していないだけなのだ。

体についたクセ、たとえば、風邪をひきやすいとか、お腹をこわしやすい、便秘グセなどだが、こうしたクセにも必ず、心か体のどちらか、あるいは両方に原因があることが多い。

最近は、アレルギー症状で悩まされる人が増えている。春先に、いい大人が鼻水をたらしている花粉症など、はたで見ていても気の毒でしようがない。花粉症に悩んでいる人は「体質だから……」とあきらめきった顔をしているが、私にいわせれば、体質だけで花粉症にはならない。

私の知人は、健康そのものだったのだが、五十歳を過ぎたころ、突然、花粉症になってしまった。それまで、他人の花粉症は見たことがあったが、これほどどうっとうしいものだとは知らなかったと言っている。日中から熱っぽくてだるく、いちばん困るのは集中力に欠けることだという。

実は、後でわかったのだが、花粉症になった年に奥さんが体調不良を訴え、それが難病認定にもなっている、完治のむずかしい病気だった。しかも体調が悪くなるにつれて、それまでは非常にいい奥さんだったのが、異常なほど嫉妬深くなり、彼の帰りが少しでも遅れると、ものすごいヒステリーを起こすようになってしまったのだそうだ。

それに加えて、仕事は不況のあおりを受けてしまい、超不調である。こうしたストレスが高じて、それまではアレルギー症になったことがなかった彼も、ついに花粉症になってしまったのではないだろうか。

このように、何か無理があったり不自然なことがつのったりして、それが限界点を超すと、なんらかのクセや症状になって現われることが多いのである。

たかがクセ、と軽視してはいけない。ちょっとしたクセでも、気づいたときに早めに直しておいたほうがいい。クセを直すと、クセをもたらしている原因まで解消されてしまうからだ。

風呂ぎらいはなぜ短命か?

「烏の行水」という言葉がある。私の知人の一人にも、行水以下、つまり、一年三六五日、朝にほんの数分シャワーを浴びるだけという男がいる。徹底した風呂ぎらいなのだ。「わざわざ温泉に行く人の気が知れない」と言っている。

私は、彼に、このままではきっと心臓発作を起こし、短命に終わるよと宣告しておいた。風呂ぎらいの人の多くは、「風呂に長く入るとのぼせてしまい、心臓がドキドキするので、なんとなくこわい、不安だ」という人だといって間違いない。

湯疲れという言葉もあるくらいで、入浴は想像以上にエネルギーを必要とする。そのエネルギーが十分にないために、風呂に入るとどっと疲れるので、風呂は嫌いだという人もいる。

つまり、風呂嫌いの人は「気」が不足ぎみになっていて、そのため、体力、気力が劣り、結果的に短命に終わってしまうことが多いのだ。

ウィークデーはシャワーでもいい。休日の前の夜あたりに、ぬるめの風呂にゆったり入るようにするといい。ぬるめの湯に十分時間をかけて入る入浴法なら、それほど

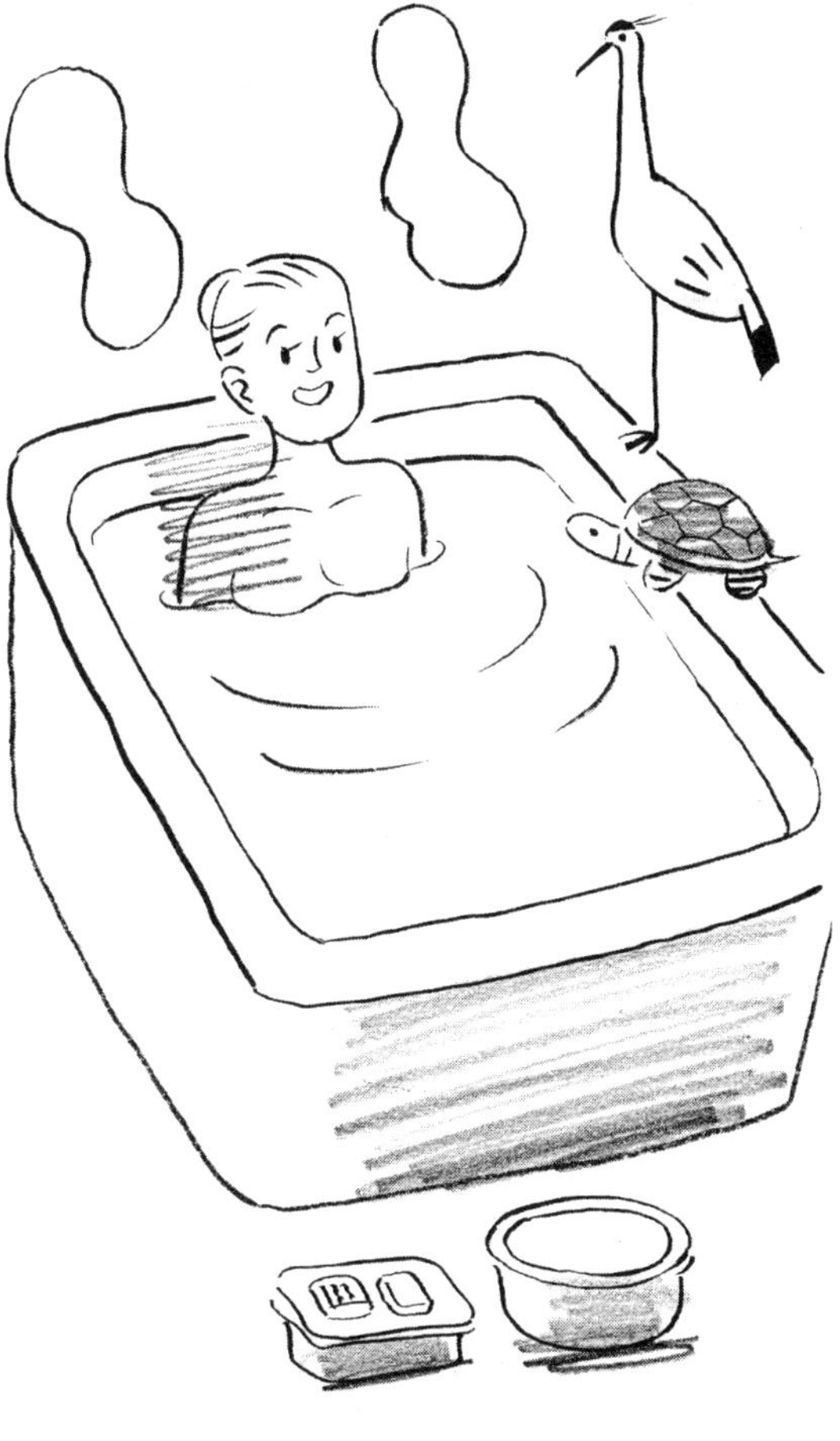

エネルギーを消耗しない。それでいて、入浴による心地よさを楽しめるからだ。

こうして、入浴がどんなに快適であるかを覚えていけば、そのうちに、週に二、三回、入浴することが億劫でなくなっていく。そうなれば、自然にしょっちゅう入浴するようになるはずなのである。

やがて、気がつくと、それほどのぼせなくなっている。それだけ心臓が強くなり、血液の循環もよくなってきたのである。

このように、道家の「導引術」では、不得意なもの、つらいと感じていることを取り入れる場合、無理をせず、一歩ずつ、いや半歩ずつ、自分を慣らしていくようにして、改善していく方法をとる。

つまり、どんな場合も無理をしたり、強要することを戒めているのである。天の気配、天の道にしたがって、自然に振る舞う。これが考え方の基本なのである。

もっといえば、風呂嫌いなら、風呂になど入らなくてもいっこうにかまわない。だが人間はとことん風呂に入らなければ、不衛生になって健康を損なったり、ひどい悪臭を放つようになるから、文字どおり、周囲の鼻つまみ者になってしまう。そこまでいけば、誰だって、なんとしても風呂に入りたいと思うようになる。そうなって気づいてから風呂に入ればいい。これが、究極の道家の考え方といおうか。

腎臓病は顔の色に出る

ちょっと前の話だが、中年の男性が妙ににごった顔色をしていた。そこで、「腎臓が悪いのではないか」といって大学病院に行かせたところ、あんのじょう、腎臓の働きが低下しており、このまま放置していたら、人工透析を受けるようになるところだった。

「先生は医者ではないのに、なぜ、一目でわかったのですか?」と不思議そうな顔をしていた。だが、顔色と体の調子は深い関係があるので、私のように、毎日、たくさんの人に会っていると、一目でわかるようになるものなのだ。

とくに腎臓は、それがよくわかる臓器である。腎臓は、体内をめぐってきた血液から不要な成分、老廃物などをこしとり、尿に溶かして対外に排出する働きをつかさどっているが、同時に体内にこもった邪気を排泄する機能もになっている。

つまり、邪気の放散がうまくいっていないと腎臓への負担が過剰になり、ついには腎臓がダウンしてしまうわけである。

腎臓の働きが弱まり、老廃物の排泄がうまくいかないと、新陳代謝の回路が詰まった状態になり、どんよりとした曇空のような顔色になってしまう。

腎臓が悪いとどうなるか。自分で自分の体をもてあますほど、かったるくなる。かなり強い意思の持ち主でも、自分ながらだらしがないと思うくらい、何をするのも面倒くさくなる。

だが、こういう時は、体が休息を求めているのだから、どんなに怠け者のように思われても、だらけきっていていい。とことん体を休めたほうがいいのである。

十分に休養をとり、体が回復してくると、人間はもともと動物、つまり、体を動かす生き物なので、いやでも体を動かしたくなってくる。そうなってから、再び活動を開始すれば、だらけていた間のロスなど、すぐに取り戻せるものだ。

とくに、男性が腎臓を悪くすると精力も減退し、男としての自信喪失にもつながってしまうことがこわい。男性自身がいうことをきかなくなると、多くの男性は人生が灰色に見えてしまうくらい落ち込んでしまう。

最近の女性は、こうした状態の男性をやさしく受けとめてやろうという思いやりがなく、「まったく情けないわね」などと、取り返しのつかないことを口ばしって、男をさらに追い込んでしまう。

だが、道家の行法をやっていれば万事大丈夫。もちろん、男性自身だって思いどおりにたくましさを取り戻せる。人生、「これで終わり」というのは死ぬときだけと覚えていてほしい。

とにかく、人間にとって何が大切かといえば、一にも二にも健康である。健康なら、心身に余裕をもつことができ、苦手な相手も受け入れられるようになる。また、なによりも相手の立場に立てるので、人間関係で問題を起こすこともなくなり、毎日、家庭でも職場でも、楽しくてしようがないようになる。

こうなれば仕事もうまくいき、会社でも認められる。すると収入もアップし、経済的にゆとりができることによって、さらに人間的な幅もでてくる。こうした好循環の起点は、何よりも健康だ。

朝、鏡を見て、「顔色が悪いな」と思ったら、その日は目をつぶって休んでしまうことをおすすめする。大統領や首相じゃあるまいし、自分一人くらい休んでも、大きな支障など絶対に起こらない。

「行かなければ、作業が止まってしまう」なんて思っているのは自分だけだ。別にバカにして、そう言っているわけではない。アメリカでは、かつて何人も大統領が暗殺された。だが、国家の機能が麻痺したことはない。日本でも、首相が在職中に重病になって、職務が遂行できなくなったことが一度ならずあるが、それで国会が休みになったわけでも、株式市場が閉鎖されたわけでもない。
もっと気楽に考えて、休みたいとき、休んだほうがいいときには、サッサと休めばいいのである。

そして、健康が回復してから思いきり仕事をすればいい。そう考えれば、ずっと楽になるだろう。それが生き方の極意である。

だいたい、だるかったり熱がある時に出勤しても、ろくに仕事などできるわけはない。周囲に気は使わせるわ、風邪なら移してしまうこともあり、かえって迷惑かもしれないのだ。

だるい、顔色が悪いなどの症状は、「気」が薄らぎ、弱まっている証拠である。こうしたサインを出して、休む必要があることを知らせているのだと考えたほうがいい。ゆっくり休んで英気を養い、元気いっぱいになってから働いたほうが、結果的には早く、的確に、目的の成果をあげられるものだといっておきたい。

——うなじや肩をもむ人は肝臓が悪い

ある会社の課長で、話をしながら、手を後ろにまわしてグリグリと、うなじや肩をもむクセがある人がいた。何度か注意したのだが、親しい人たちが集まる席などでは、つい気持ちがゆるむらしく、気がつくと自分の肩をもんでいる。「いや、失礼なことはわかっているんですが……」と言いながら。

話を聞くと、うなじから肩に向けて、ひどく凝り固まってしまうらしい。それをほぐすと、多少、頭が軽くなる感じがするのだそうだ。

この人は、何かに熱中するとすぐに頭に血がのぼってしまうようだ。プロ野球などにも、そんな人がいるが、自分の思い通りにいかないことがあるとすぐに怒鳴り出したり、怒り出してしまい、そうなると、本人としても、もはや収拾がつかなくなってしまう。

周囲の人も、「また、発作だ！」と目くばせして、台風が通りすぎるのを待つように、ただおとなしくしている。

こういう人は、ほぼ間違いなく肝臓が悪い。

人間の活動源はグリコーゲンという糖分の一種である。ふつう血液中には、およそ二〇分間ぐらい活動できるだけの糖分があるが、この糖分を使いきってしまった場合、肝臓などに蓄えられた糖分が血液中に放出され、つつがなく運動をつづけられる。

ところが、肝臓が悪いと、追加で放出されるべき糖分の放出が少なく、そのため、エネルギー不足でだるさを感じてしまうのである。だるいから、イライラして怒りっぽくなり、余裕のある考え方ができない。つまり、凝りというのは、エネルギー不足を訴える症状の一つなのだ。

肝臓は眠れる臓器といわれるように、多少具合が悪いぐらいでは、外に現われる症状はほとんどない。

反対にいえば、外からでもはっきりわかるような症状が現われたころには肝臓の病気は、かなり重度に進んでしまっており、完全治癒はむずかしくなっていることも少なくない。

肝臓の状態を判断するもう一つの方法は、運転グセを見ることである。

メイン道路を走っていて渋滞に巻き込まれたとき、すぐに脇道に入ってなんとか抜け道を探そうと焦るタイプと、いつかは流れるだろうと、メイン道路を気長に進む人がある。

もちろん、いつかは流れるだろうと、のんびり構えられる人は心配ない。肝臓は生き生きピンピンしているはずだ。

問題は、クネクネと脇道に入っては左折、右折を繰り返し、結局もとの道路に戻ってきて、自分で自分に腹を立てたりするタイプである。

追い越しが好きで、前を走る車があると、ダンプだろうと、二階建てバスだろうと追い越さないと気がすまないという人も、肝臓検査を受けることをおすすめする。

もちろん、生まれつき怒りっぽい人もあるが、年中、イライラしていて怒りっぽい人は、一〇〇パーセントといってよいほど肝臓が悪い。とくに、それまでおだやかで、のんびり型だった人が急にイライラするようになったら、まず肝臓がやられたと考えて間違いない。

内臓と喜怒哀楽の関係

世の中には涙もろくて、テレビや新聞でかわいそうなニュースを見ただけで涙腺が開き、滂《ぼう》沱《だ》の涙を流す人もいれば、あの人が泣くのを見たことがないというほど、感情の動きを表に出さない人もいる。

とくに涙もろい人は、明るいニュース、おもしろいニュースにも感情豊かに反応し、他人を気にせずに声をあげて大笑したり、手をたたいて喜んだり、その表現もにぎやかだ。

人間は感情の動物で、誰にでも喜怒哀楽の感情はあるが、それをおさえられず、人前で感情をむき出しにするようでは大人としては情けない。だが、心身を満たす「気」が乏しかったり、心身が弱っていると、感情の浮き沈みがそのまま表われてしまい、感情的なふるまいに走ってしまいがちになるのである。

導引術では、「激しすぎる感情は病気を招く」と教えている。それぞれの感情と内臓の関係も明らかにしている。

たとえば、驚は腎臓、怒は肝臓、悲は肺、笑は心臓、恐は脾臓、驚は胃腸の働きに影響を与えるといい伝えてきた。

反対に、それぞれの内臓が病気になると、その内臓と密接な関係にある感情表現があらわになる。

それまで明るかった人がやたらに悲観的な考え方をするようになったら、肺が弱っている可能性が高いと考えられる。

もともと、喜怒哀楽をあまりリアルに見せない人もいる。いわゆるポーカーフェイスである。

こういう人は、それを計算づくでやっている場合も含めて、「気」に満ちた日々を送っているとはいいにくい。どんなに努めても、人の感情というのは自然に表情に出てしまうのが自然なのだ。それを押さえ込んでいるのだから、知らず知らず、自らに不自然さを強いていることになるわけだ。こうした毎日が、心身に影響を与えないはずはないのである。

もちろん、時と場合によるが、喜怒哀楽は無理やり押さえ込まないほうがいい。

「気」からいうと、何をされても怒らない人は、怒りっぽい人と同じくらいに問題があると考えていいのである。

――導引術で教える、肝臓を丈夫にする行法

喜怒哀楽が激しく、いつもイライラしやすい人は、次の行をやると肝臓が丈夫になる。

◉肝臓強化の行法1◉

①あお向けに寝て、呼吸を静める。
②両手をこすり合わせて、温める。
③左手で右側の肝臓のところをマッサージする。

これだけでも、かなり肝臓が丈夫になるが、さらに、次の行法をすると、肝臓病を予防できる。

◉肝臓強化の行法2◉

①磐坐《ばんざ》して両手をももの脇に下げる。そのままで口から息を吐き、鼻から大きく息を吸う呼吸を三回行なう。

②左手を右の肩にのせ、ひじをピタリと胸につける。次に右手を左の肩にのせ、右ひじを左ひじの外側にぴたりとつける。

③そのままで鼻から息を吸いながら、両ひじをぐっと胸に押しつけ、肩と背中を緊張させる。こうして苦しくなったら口から息を吐き、両ひじの力をゆるめて、肩と背中の緊張をゆるめる。これを九回、くり返す。

とくに飲み過ぎた日の翌日など、肝臓に負担をかけた時は、この行法を行なうと、肝臓から出て、肩やうなじにたまる邪気を体外にはらう効果があり、肩やうなじが凝らなくなり、肝臓の病気も防げる。

◆肝臓強化の行法2◆

盤坐の姿勢で両手を
ももの脇におろす
そのまま、口から息
を吐き鼻から吸う
呼吸の後、左手をゆっくり
斜め前方に肘を曲げながら
上げ、手のひらを右肩に乗せ、
肘をぴったり胸につける
同じように右手を左肩に乗せ、
右肘を左肘の外側につける

――髪の毛に関心が強い人は大腸の病気がある

最近、若い人の間に「潰瘍性大腸炎」という、やっかいな病気が増えている。これは大腸の内側がたえずただれている病気で、症状としては下痢と便秘を交互にくり返したり、時には腸から出血したりする。

消化器はストレスと密接に連動している器官だ。ラットを使った実験では、電気刺激などのストレスを与えると、一瞬にして胃潰瘍ができることが確かめられている。大腸も同じくストレスに弱く、会社でのストレスが強いサラリーマンやOLが、出勤前になると下痢症状を訴え、トイレに駆け込むという過敏性腸症候群も、過剰なストレスを避けたいと思う潜在的な心理が原因している。

ある男子大学生は就職超氷河期に卒業を迎えてしまい、そのうえ、通っていた大学も、いわゆる一流大学ではなかったから、就職活動では言葉にならないほどの苦労をなめた。とにかく、彼の大学では、一流会社の人事課が面接にさえ応じてくれないのだという。

はじめのうちはめげずに資料請求をくり返していたが、六月になり、七月になり、周囲の内定情報がつぎつぎ耳に飛び込んでくるうちに、しだいに耐えられなくなってしまった。

そのうち、彼は年中、髪をかきむしるクセがついてしまった。母親がそのクセが気になりだしたころ、ある日、洗濯物にまじっていた彼の下着に、血の跡らしいものがついているのが目についた。

問いただすと、大学三年生の終わりごろから下血するようになっていたというではないか。急いで医者にみせると「潰瘍性大腸炎」と診断され、真っ青になってしまった。

しかし、まじめに治療して症状はおさまった。

そのうちに、就職も希望どおりの業界に内定がとれ、ようやく彼の表情に心からの笑いがもどった。やがて髪をかきむしるクセも影を潜め、大腸炎の症状もおさまってきたという。

髪をかきむしったり、女性だと年中髪の毛先をいじり、なかには枝毛の先を指でちぎったりするクセに気づいたら、大腸にトラブルがある場合が多い。

大腸の病気には下痢のほか腹部が膨満する症状、便秘などがある。こうした症状があると、頭に血がのぼったようにいらつく感じがあり、つい髪の毛をいじりたくなるのである。

頭に血がのぼったような感じといったが、実際は血液の循環が悪いため、鬱血で頭皮がかゆく感じられる。そのため、年中、頭をかきむしったり、髪の毛をいじったりするわけである。

若ハゲ、フケ症、円形脱毛症など、髪の毛に関する悩みをもっている人は、概して神経質でストレスに弱い傾向がある。

さらにひどくなると、まゆ毛やまつ毛を引き抜くクセに発展し、まゆ毛が薄くなったりすることさえある。

こうしたクセを直すには、できるだけ髪の毛や頭皮のことを考えないようほうがいい。たとえば音楽でもスポーツでもいい。

何か一心不乱に熱中することを見つけてそれに専念していれば、少なくともその間は、頭から関心を遠ざけることができる。

大腸は、食べたものから栄養を吸収する大事な臓器である。また、ここでは、栄養分を吸収し終わった食べ物かすで便をつくる。

「快食快便」という言葉があるが、大腸は体の中で食べたものの最終処理を請け負うところだから、快食快便の両方に深い関係をもっているのである。

食べたものから栄養が十分吸収されず、また、便がうまくつくれず、下痢症だったり、排便が滞ったりすると、体力も気力も衰えてしまう。くれぐれも、下痢や便秘を軽く考えてはいけない。

大腸の異常を放っておくと、大腸の壁に、排出しきれない便の固まり、宿便がこびりつく。宿便は古い便の固まりで、腸内で発酵して毒素を出し、全身に邪気をゆきわたらせてしまうやっかいなものだ。

長年、便秘症だったという人は、宿便をきれいに排出すると、腸壁にこびりついた便がきれいに排出され、みちがえるほどすっきりした体質を取り戻せる。

もちろん、髪をいじるクセなど、きれいになくなってしまうことはいうまでもない。

――せっかちな人は心臓が悪い

給料日直後の銀行には、長蛇の列ができている。最近はフォーク並びというのか、何台かのATM機が設置されている場合も行列は一列とし、先頭から順番に、空いたATM機を使うようになっていることが多い。

この行列に並ぶ人を見ていると、人間の行動テンポにかなりの差があることがわかり、興味深い。

まだ、列の先頭にはほど遠いのに、並んだその時から、財布などからカードを取り出して準備をしている人もいれば、三、四人目になったころ、カードを取り出す人もいる。そうかと思えば、自分の番になってからあわててカードを取り出す準備の悪い人もある。

長い列をつくっているのだから、自分の後にもたくさんの人が待っていることは承知のはずだ。それなのに、前に行ってからカードを取り出す人は、のんびり屋というよりも、はたの迷惑を考えない自分勝手な人だといったほうがいい。人が待とうと待つまいと関係ないといわんばかりの態度は、「世界は自分のためにある」と考えていることを示している。

社会とは、もちつもたれつで成り立っているものだということを少しは考えて行動してほしい。

だが、いくらなんでも、行列の先頭までまだ大分あるのに、さっさとカードを取り出すのもせっかちすぎる。

こうした行動のテンポの違いは、それぞれ人に備わった生理リズムの影響によるものだ。人には、自分にとってもっとも快適なテンポがある。それが生理リズムと呼ばれるものだ。

生理リズムを知るには、時計の秒針を見せずに一秒一秒をカウントしてみるといい。すると、同じ一秒でも、かなり早めにカウントする人と、本来の一秒よりゆっくり目にカウントする人がいる。また、伴奏なしで歌を歌う場合、本来の曲のテンポより早く歌う人がいれば、ゆっくり目の人もいる。

せっかちな人とは、いうまでもなく生理リズムが人一倍早い人である。生理リズムは自分の鼓動が原点になっており、せっかちな人は概して心臓に問題があって、鼓動を刻むのが早いのだ。

こういう人は、予定どおりに物事が進んでいるくらいでは満足できず、予定より早め早めに進んでないと不満や不安を感じるのである。

自分の思いどおりのテンポでものごとが進まないと、イライラしてきて、頭に血がのぼってしまう人もいる。

せっかちな人は、まわりのすべての人の行動が気にくわない。のろのろとだらしなく、怠惰な人たちばかりに見えてしまうのである。こうした人が、仕事のリーダーになったらたまらない。「早くしなさい！」と、そればかりが口グセになって、肝心の仕事のクオリティチェックはおろそかになりがちだ。

自分でもせっかちだなと思いあたるようなら、以下に紹介する「導引術」の「心臓の服気法」を試してみるといい。

一～二週間つづけると、いつのまにか「早く早く…」の口グセが消え、せっかちだとも言われなくなっているだろう。

◉心臓の服気法◉

①枕をしたまま、仰向けに寝て目を閉じ、一呼吸する。
②左側を下に寝て、左手を親指を中にして軽く握る。そして、右の手のひらで、ヘソをおさえる。
③その状態で、鼻でゆっくり息を吸いながら、左足を「くの字」に曲げていく。
④苦しくなるちょっと手前で息をとめる。そして、次に口から息を吐きながら、曲げた左足を伸ばす。これを三回、行なう。
⑤体の向きを変え、右側を下に寝て、今度は反対側の手足で②～④を同様に行なう。
これも三回、くり返す。

できれば、朝と晩、日課として取り入れると心臓が強化され、病気知らずのまま長寿をまっとうできる。

◆心臓の服気法◆

左下に横になり、左手は親指を中に入れ軽く握り伸ばす。右手はへそのあたりに置き、口からゆっくり息を吐く

息を吐き終わったら鼻から空気を吸い込み、左足を静かに引き上げる

十分に息を吸ったら、苦しくなる手前で引き上げた左足を元へ戻しながら静かに息を吐く

——のぼせやすい人は脳発作を起こしやすい

ダイナマイトというあだ名の人がいる。何か気にいらないことがあると、すぐにカーッとして爆発してしまうのだ。こういう人は、なんでも自分の思い通りにいかないと気がすまないうえに〝自分の思い通り〟の許容範囲がせまく、「絶対にこうでなければならないと」いう思い込みが強い。

ある人が会合に参加することになった。予定表に午前九時開始とあったので、自分の気持ちの中では、八時五〇分までに会場入りしようと思っていた。ところが、ラッシュで電車を二台も待たなければならず、会場に着いたのは午前九時の一、二分前だった。こうなるとすっかりのぼせてしまい、イライラと無性に感情が波立っている。

そんな時に、やはり参加者の一人から、車で会場に向かっているが、交通渋滞に巻き込まれて少し遅くなるという連絡が入った。すると突然、電話に向かって、「朝は、道路が混むにきまってるだろ。なぜ、電車でこないんだ。非常識だ！」と怒鳴りつけたのである。

すでに相手は車で出てしまったのだし、道路が混んでいる以上、到着を待つほかに方法はないわけだ。怒鳴りつけたところで、結果がよくなるわけではない。だが、すぐにカッとなるこの人は、怒鳴らなければ自分自身を抑えることができなかったのである。

こういう人は高血圧であることが多く、脳血栓、脳溢血、クモ膜下出血などを起こしやすい。反対に、こんな発作を起こした人に聞くと、「今になって考えると、発作を起こす前、どうしようもなくイライラして、年中、怒りを爆発させてばかりいた」と気づく人も少なくない。

爆発型の人は、これまでも、つい怒りを爆発させてしまったために、大事な人間関係でしくじったという体験を何度もしてきているはずだ。怒りを爆発させることは爆弾を投下してしまったようなもので、人間関係に取り返しのつかないダメージを与えてしまう。

これからは、そうした経験から学んだことを教訓に、「人生には、思うようになることは一つもない」と思って生きていくぐらいでちょうどいい。

人生、何ひとつ、自分の思い通りにはならない。だが、それで何が困るだろう。会議に遅れる人がいるなら、会議を数分、遅れて始めればいいではないか。あるいは会議は定時に始め、遅れてきた人は静かに会場に入ればよい。その答えはちゃんと用意されているではないか。

このように、モノの考え方を柔軟にすれば、この世の中で起こることで、かんしゃく玉を破裂させなければならないほどの重大事は何一つないとわかってくる。「桐一つ落ちて天下の秋を知る」という言葉がある。秋になり、気候が一転したとしても、桐の葉が落ちてこなければ、気がつかない。もしかすると、それほど泰然自若とした境地になれるかもしれない。

また、すぐにキレて爆発してしまう自制心のない人は、脳内の血液の流れが悪くなっていることが多い。コレステロールが付着して、脳内の血管がせまくなっていたり、血液がどろりとして流れにくくなっている場合もある。

こういう傾向に気づいたら、血圧を測定しほうがいい。異常値だったら、専門医の診察と治療を受けること。とくに異常なほど血圧が高いわけではないという場合でも、高血圧になる前兆は十分感じられるので、以下のような導引術の行法の一つを行ない、脳内の血流をスムーズに整えるようにしたい。

◉脳の血流をスムーズにする行法◉

①テニスボールより少し小さいぐらいのボールを真綿でつくり、木綿の布でくるむ。

◆脳の血流をスムーズにする行法◆

脳をとりまく細い血管を正
常化し、判断力を強化する

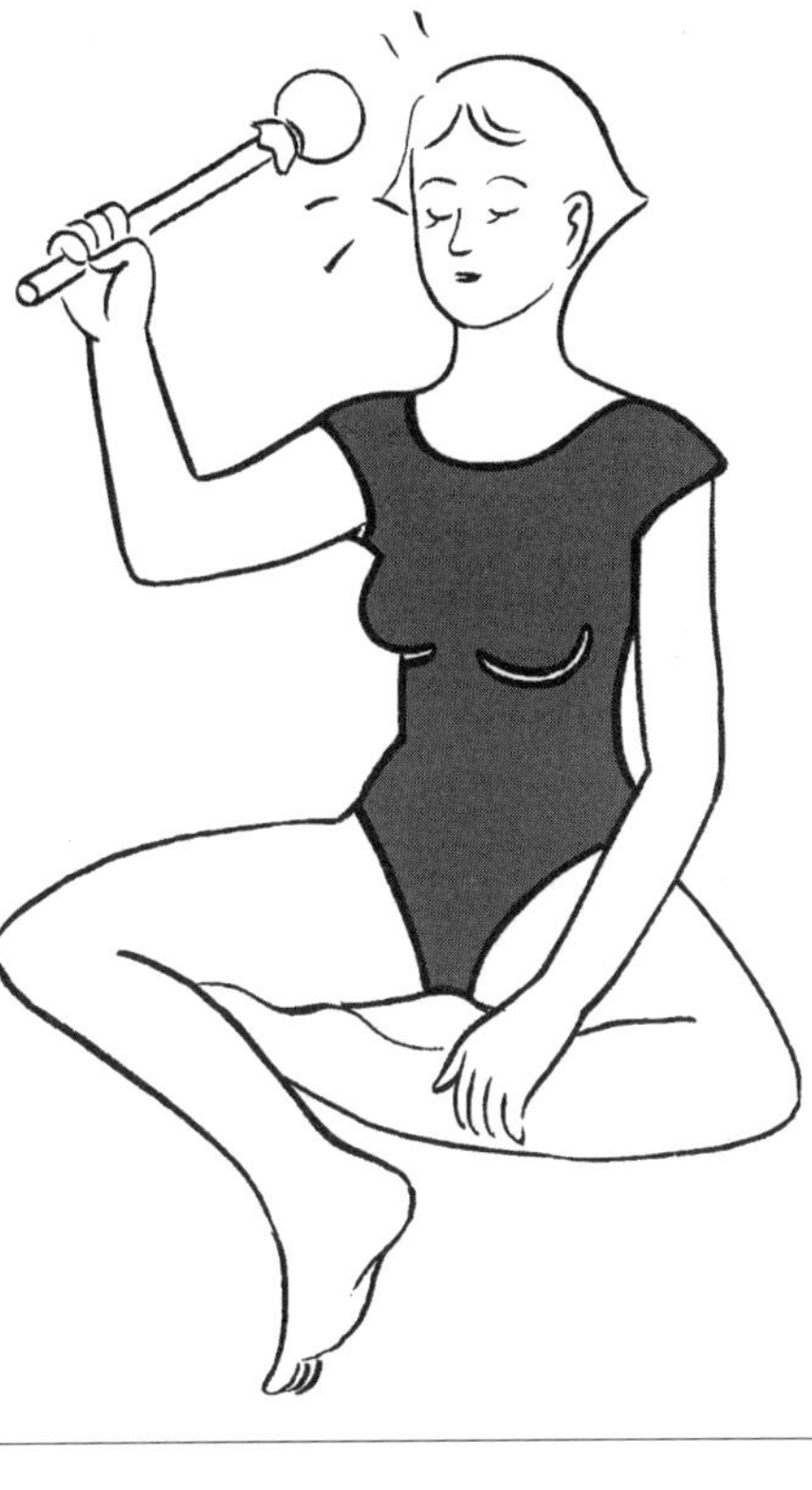

これを棒の先にしっかり止めつける。

②右足と左足を重ねずに、たがい違いにしてあぐらをかいて座り、この座り方のまま、片方の手で棒をもち、右手で頭の左部分を中心に、左手で頭の右部分を中心に、それぞれ三〇〇回～一〇〇〇回ほどたたく。たたく強さは、自分で気持ちがいいと感じる強さにする。首すじも同じようにしてたたく。

しばらくたたいていると、頭がすっきりと軽くなり、頭に滞っていた血液が順調に流れ出したことが感じられる。

この方法は、根をつめた仕事や集中して勉強した後などの、頭が重く、凝ったときにもおすすめだ。

仕事の途中でやるときは、できればたたいた後、数分でいいから中休みし、頭を休めるといい。仕事後にやるのも効果的で、翌日の疲れがまるで違うはずだ。

―不眠症だという人は、いっそ眠らないほうがいい

私のところにやってくる人でいちばん多い相談は「不眠症だ。眠らなければ、眠らなければ……と思えば思うほど眠れない」という訴えだ。

その度に、私は、「この世の中に不眠症の人間などいない」と喝破している。相談者の中には、「このところ、一睡もできないんです」という人もいる。だが、冗談ではない。もし、一睡もしていないなら、その人はとっくの昔に死んでしまっているはずだ。人間は、まったく眠らずにいられる限界は、せいぜい数十時間程度なのだ。

昔、罪人に対する拷問法の中に、罪人をつっつき回して眠らないようにするという刑があった。だが、どんなにつっついても、そのうちに眠ってしまう。人は、というより動物は、必ず睡眠をとらなければ生きていかれないようにできているのである。

だから、眠れない、寝ていないという人には、こうも言ってやる。

「眠れないなら、何も無理して寝る必要はないぞ」

眠らなければ、眠らなければ……というプレッシャーは相当に大きなものだ。そんなプレッシャーを抱えているぐらいなら、無理をして眠る必要はないのだ、と思っていたほうがずっと楽だ。

実際、別に無理をして眠ろうとしなくても、本当に睡眠が必要になれば、自然に眠ってしまう。ときどき、電車の中で立って寝ている若者を見るが、徹夜でゲームセンターなどで遊んでいたのかもしれない。そこまで眠らずに遊べる若さが、なんだかうらやましくさえ思えてくる。

不眠症だという人は、眠りに入るまでに時間がかかるタイプが多い。ベッドに入ってもさまざまなことが気になって、頭が冴えてしまうのだ。だが、これまでいろいろ話してきたように、あれこれ気になるということは、それだけこだわりを捨てきれていないともいえる。

人の一生には、こだわるものなんて何もないのである。

人間にとって、わかっているのは、いまこの一瞬の事実だけである。一寸先は闇、というが、今日、買い物のついでに買った宝くじが三億円当たるかもしれないし、あるいは、帰り道で事故にあって、天国に行ってしまう可能性だってないとはいえない。一瞬先のことさえわからないのに、なにもクヨクヨ思い悩むことはないだろう。

もし、あれこれ考えてしまうようだったら、できるだけいい方向の考えだけを頭の中に広げるようにしたほうがいい。宝くじがあたったら、マイホームを買って、世界一周をして……。なんだか興奮して、ますます眠れなくなってしまった？　これも困ったことだが。

日本道観　総本部・各地区〈道〉学院	
日本道観総本部	〒971-8183 福島県いわき市泉町下川 ☎0246-56-1444㈹
札幌〈道〉学院	〒060-0042 北海道札幌市中央区大通西16丁目 3-12　錦興産大通ビル３Ｆ ☎011-640-7111
仙台〈道〉学院	〒980-0021 宮城県仙台市青葉区中央3-4-10 ブルービル４Ｆ ☎022--214-7828
いわき〈道〉学院	〒970-8026 福島県いわき市平字三倉69-8 いわき第２地産ビル２Ｆ ☎0246-21-6700
前橋〈道〉学院	〒371-0847 群馬県前橋市大友町1-5-5 ニットービル２Ｆ ☎027-253-0007
埼玉〈道〉学院	〒330-0021 埼玉県大宮市東大宮5-33-12 柏洋ビル７Ｆ ☎048-683-5200
千葉〈道〉学院	〒273-0005 千葉県船橋市本町7-13-8 ☎047-422-1621

東京〈道〉学院	〒151-0053 東京都渋谷区代々木4-1-5 コスモ参宮橋ビル2F ☎03-3370-7701
長野〈道〉学院	〒380-0811 長野県長野市東鶴賀町57-1 袖山ビル201 ☎026-237-6000
名古屋〈道〉学院	〒450-0002 愛知県名古屋市中村区名駅4-17-3 メイヨンビル6F ☎052-588-3488
大阪〈道〉学院	〒530-0051 大阪府大阪市北区太融寺町8-8 日進ビル4F ☎06-6361-0054
高知〈道〉学院	〒780-0901 高知県高知市上町4-2-8 カダヤビル2F ☎088-820-1223
福岡〈道〉学院	〒812-0018 福岡県福岡市博多区住吉4-5-2 丸ビル5F ☎092-461-0038
鹿児島〈道〉学院	〒892-0846 鹿児島県鹿児島市加治屋町9-32 浜中ビル2F ☎099-239-9292

にちぶん文庫

クセとしぐさで相手を見抜く術

著　者　早《はや》　島《しま》　正《まさ》　雄《お》
発行者　阿　部　林一郎
印刷所　暁　印　刷
製本所　株式会社越後堂製本

発行所　東京都千代田区神田神保町1－7　株式会社　日本文芸社

振替口座　00180-1-73081　TEL 03(3294)8920（編集）03(3294)8931（営業）　〒101-8407

落丁本・乱丁本はお取りかえいたします　112001025-112001025 Ⓝ01

（編集担当　星川・梶原）
ISBN4-537-06343-2
URL　http://www.nihonbungeisha.co.jp/